VOLUME 1

Stéphanie Panichelli-Batalla
Aston University, Birmingham (UK)

Student Activities Manual
for

Hoy día

Spanish for **Real Life**

John T. McMinn
Nuria Alonso García

Prentice Hall
Boston Columbus Indianapolis
New York San Francisco Upper Saddle River
Amsterdam Cape Town Dubai London
Madrid Milan Munich Paris Montréal Toronto
Delhi Mexico City São Paulo Sydney
Hong Kong Seoul Singapore Taipei Tokyo

Executive Editor, Elementary Spanish:
   Julia Caballero
Editorial Assistant: Andrea Arias
Director of Marketing: Kris Ellis-Levy
Senior Marketing Manager: Denise Miller
Marketing Coordinator: Bill Bliss
Development Editor: Celia Meana
Development Editor for Assessment:
   Melissa Marolla Brown
Senior Managing Editor for Product
   Development: Mary Rottino
Associate Managing Editor (Production):
   Janice Stangel
Senior Production Project Manager:
   Nancy Stevenson

Media/Supplements Editor: Meriel Martínez
Senior Media Editor: Samantha Alducin
Senior Art Director: Pat Smythe
Art Director: Miguel Ortiz
Senior Manufacturing & Operations
   Manager, Arts & Sciences: Nick Sklitsis
Operations Specialist: Cathleen Petersen
Full-Service Project Management:
   Melissa Sacco, Pre-Press PMG
Composition: Pre-Press PMG
Printer/Binder: Edwards Brothers Malloy
Cover Printer: Edwards Brothers Malloy
Publisher: Phil Miller

This book was set in Palatino 10/12.

10 9 8

Prentice Hall
is an imprint of

www.pearsonhighered.com

Volume 1 ISBN-10:   0-205-75645-X
Volume 1 ISBN-13: 978-0-205-75645-2
Volume 2 ISBN-10:   0-205-76466-5
Volume 2 ISBN-13: 978-0-205-76466-2

Contents

Note to the Student

The *Student Activities Manual* (*SAM*) for *Hoy día* is designed to help you further develop your reading and writing skills while practicing the vocabulary and grammar points featured in your textbook. The purpose of the *SAM* activities is to enhance your proficiency in Spanish. Each chapter of the *SAM* is structured according to the corresponding textbook chapter, and these activities reinforce comprehension of grammar and vocabulary topics to provide optimum learning to you, the student.

With each vocabulary presentation or grammar explanation in the textbook, you will find an icon showing which activities in the *SAM* correspond to the material presented on those pages of the textbook. You will find it easier and more rewarding to do the *SAM* activities if you review the corresponding presentations in the textbook just before beginning them. This will help you focus on the purpose of the *SAM* activities and retain the most important information.

When you see the icon 🔊, this means that you must access a recording to do the activity. These recordings are available on CDs, *MySpanishLab*, or the *Hoy día* Companion Website. There are several ways that you can improve your understanding of the audio passages:

- Review the textbook presentations of the vocabulary and grammar being practiced before listening. The important words and structures will be fresh in your memory for easier comprehension.
- Listen to the audio first to pinpoint the difficult areas and to get the gist of the exercise before you listen again in more detail.
- If needed, ask your professor to show you the audio script.

Although this method might take a little extra time, your efforts will start to pay off quickly. By listening to the audio and repeating what you hear, you will gain valuable skills in speaking Spanish and will improve your pronunciation.

Since there are both hardcopy and electronic versions of the *Student Activities Manual,* instructions are worded so that they are appropriate for both environments. Where it says to select an answer, you may underline or circle it if you are using the print *SAM*. For the speaking activities, users of the print version of the *SAM* may send recorded responses to their instructors using online technology, or give their responses orally for their instructors. In some cases, instructors may ask students to turn in a written script instead.

We hope that you find the *Student Activities Manual* to be an enjoyable and productive learning tool.

¡Bienvenidos!

1 En la universidad

Tema 1: ¿Cómo te llamas? ¿Cómo estás?

Vocabulario: Saludos y despedidas

1-1 ▶ ¿Cómo estás? Look at the following drawings carefully, and select whether you would most likely use each of the following expressions in Scene A or B.

1. Buenos días.	Scene A	Scene B
2. ¿Cómo estás?	Scene A	Scene B
3. Buenas tardes.	Scene A	Scene B
4. Estoy mal.	Scene A	Scene B
5. Estoy muy bien.	Scene A	Scene B
6. ¿Cómo está usted?	Scene A	Scene B

1-2 ▶ Conversación. Juan and Pedro are meeting for the first time in the university cafeteria. Complete their conversation logically by filling in the missing words.

— (1) _____ días, (2) _____ Juan González.

   Y tú, ¿cómo (3) _____?

— ¡Hola! Me (4) _____ Pedro Álvarez.

— (5) _____ gusto.

— (6) _____.

— ¿De dónde (7) _____?

— (8) _____ de Colombia. ¿Y tú, (9) _____ eres?

— Soy de Venezuela.

1-3 ▶ Presentaciones. Listen to the greetings and questions, and select the logical response.

1. a. Muy bien, ¿y tú?   b. Mucho gusto.   c. Igualmente.

2. a. Soy de aquí.   b. Hola.   c. ¿Y tú?

3. a. Me llamo Jorge.   b. Soy de México.   c. Mucho gusto.

4. a. Soy profesora.   b. Soy de Puerto Rico.   c. Buenas noches.

5. a. Soy estudiante.   b. Buenos días.   c. Igualmente.

1-4 ▶ En otras palabras. Select the expression that could be used instead of the phrase that you hear.

1. Mucho gusto.   Adiós.

2. ¿Cómo estás?   Hola.

3. Estoy mal.   Estoy muy bien.

4. Soy Juan.   Hola, Juan.

5. Hola.   Buenas noches.

1-5 ▶ ¿Cuál es correcto? A friend is asking how you spell the following names of Hispanic nationalities and countries. Indicate whether the first or the second option is correct by selecting a or b for each word.

Modelo: ¿Se escribe **español** con "ene" o con "eñe"?
          español   a   *b*

1. cubano   a   b

2. colombiano   a   b

3. hondureño   a   b

4. México   a   b

5. Perú   a   b

6. Ecuador   a   b

1-6 ▶ ¿Cómo se escribe? Write down the letters you hear to spell out greeting and parting expressions in Spanish.

1. _____ .

2. ¿ _____ _____ _____ ?

3. _____ _____ .

4. _____ _____ .

5. _____ _____ .

Gramática 1: *Deciding how to address people: Using **tú** or **usted***
(TEXTBOOK P. 6)

1-7 ▶ ¿Tú o usted? Indicate the appropriate form of *you* that is used when speaking to the following people.

1. un doctor	tú	usted
2. un profesor	tú	usted
3. un amigo *(a friend)*	tú	usted
4. un estudiante	tú	usted

1-8 ▶ Preguntas a tu profesor. You have a new Spanish professor and you want to ask him a few questions, but you need to address him formally. Rewrite the familiar questions as formal questions, following the model.

Modelo: ¿Estás ocupado?
          ¿Está ocupado?

1. ¿Cómo estás? _____

2. ¿Cómo te llamas? _____

3. ¿De dónde eres? _____

4. ¿Estás cansado? _____

Gramática 2: *Describing yourself and others: Introduction to* **ser** *and* **estar** (TEXTBOOK P. 8)

1-9 ▶ ¿Ser o estar? Select the correct forms of **ser** and **estar** to complete the following dialogues.

A. — Buenos días. Me llamo Ana, ¿y tú?

— Hola. Me llamo Isabel. ¿De dónde (1) [estás / eres]?

— Yo (2) [estoy / soy] de México. ¿Y tú?

— (3) [Soy / Es] de aquí. (4) [Soy / Eres] estudiante en la universidad.

B. — Hola, Juan. ¿Cómo (5) [está / estás]?

— (6) [Soy / Estoy] un poco cansado y (7) [soy / estoy] muy ocupado.

C. — Buenas tardes, Profesor Sánchez. ¿Cómo (8) [estás / está] usted?

— (9) [Está / Estoy] muy bien. Y tú, Pablo, ¿cómo (10) [eres / estás]?

— (11) [Estoy / Es] un poco enfermo hoy. Adiós, Profesor.

1-10 ▶ Saludos y despedidas. The following people meet at the times given. Read the short dialogues, and decide whether each one corresponds to a conversation between Juan and Professor López or between Pedro and Daniel.

1. Juan y la profesora López – 3:00 PM ____   a. — ¡Hola! ¿Cómo estás?
                                                   — Bien, amigo. Gracias.

2. Pedro y Daniel – 9:00 AM ____   b. — Buenas tardes, profesora.
                                                   — Hola, Juan.

1-11 ▶ Unas preguntas. One of your new classmates has sent you text messages asking you questions in order to get to know you better. You call back and leave a voice mail message with the answers. Respond to each question orally with complete sentences in Spanish.

1. ¿Eres estudiante?   3. ¿Estás enfermo/a o estás bien hoy?

2. ¿De dónde eres?   4. ¿Estás muy ocupado/a hoy?

1-12 ▶ Ahora tú. Now you have asked that same classmate some questions. Listen to each of his answers, and write the question that was asked to elicit it.

1. _____

2. _____

3. _____

4. _____

5. _____

Tema 2: ¿Qué hay en el salón de clase? ¿Cuántos estudiantes hay?

Vocabulario: En la clase

1-13 ▶ ¿Qué hay en el salón de clase? Identify the numbered items in the picture by writing the name of each of them on the lines provided. Be sure to use the correct indefinite article (**un** or **una**).

1. _____   5. _____

2. _____   6. _____

3. _____   7. _____

4. _____   8. _____

1-14 ▶ ¿Qué hay en el escritorio? Look at the drawing and identify as many items on the desk as you can. You should be able to name at least five items. Be sure to use the correct indefinite article (**un** or **una**).

_____

_____

1-15 ▶ Una conversación. Ana and Juan are practicing their new Spanish vocabulary. Complete Ana's description of her math class with the words from the list.

calculadora	mesas	profesora	escritorio	computadora	cuaderno

ANA: Hola, Juan, ¿cómo estás?

JUAN: Bien, ¿y tú? ¿Cómo es tu (*your*) clase de matemáticas?

ANA: Muy bien. La (1) _____ es la señora González. Es muy simpática (*nice*).

JUAN: Y ¿cómo es el salón de clase?

ANA: Es muy grande (*big*). En la clase hay muchas (2) _____ y sillas.

En el (3) _____ de la profesora, hay una (4) _____.

JUAN: ¿Y qué necesitan (*need*) los estudiantes?

ANA: Necesitan (*they need*) una (5) _____ y un (6) _____.
Es una clase muy interesante.

1-16 ▶ Definiciones. Juan is trying to explain to his friends the meaning of certain Spanish words. Match each word with its description.

1. un bolígrafo _____

2. un pupitre _____

3. un cuaderno _____

4. un diccionario _____

5. una calculadora _____

a. un libro con muchas definiciones

b. una mesa para un/a estudiante

c. un libro para escribir (*for writing*) en clase

d. una cosa para escribir

e. una cosa necesaria para la clase de matemáticas

Gramática 1: *Saying what there is: Gender and number of nouns, the indefinite article, and* **hay** (TEXTBOOK P. 12)

1-17 ▶ Este semestre. A student is talking about her belongings and her classes this semester. Select the appropriate words to complete the sentences.

Modelo: En mi cuarto, hay (un, *una*) computadora en mi (*escritorio* / pupitre).

1. En mi cuarto, tengo (un / una) estante con muchos (libros / ventanas).

2. También hay (un / una) televisor en una (silla / mesa).

3. Tengo (un / una) buena calculadora para mi clase de (matemáticas / español).

4. Necesito (un / una) buen diccionario para mi clase de (matemáticas / español).

5. Tengo (unos / unas) clases a distancia vía Internet para las cuales (*for which*) no hay (computadora / salón de clase).

6. Tengo (unos / unas) compañeros de clase de México, pero no (muchos / pocos).

1-18 ► ¿Un, una, unos, unas? A friend of yours is telling you a few things about her new classes and her university, but you can't understand her very well because she talks fast. Based on the word you hear, write the corresponding indefinite article as well as the word.

Modelo: bolígrafos
Tengo *unos bolígrafos* en mi mesa.

1. Tengo _____ en mi cuarto.

2. En mi residencia hay _____ muy bonitos (*beautiful*).

3. Hay _____ en el escritorio de la profesora.

4. Hay _____ en la clase.

5. Hay _____ en la clase de español.

6. Hay _____ muy buenas (*good*) en mi ciudad (*city*).

1-19 ► ¿Qué hay en la mochila? Listen to Julia and Pedro explain what they have in their backpacks, and indicate who has each item on the list.

Hay . . .   en la mochila de . . .

1. un cuaderno	Julia	Pedro
2. un libro de español	Julia	Pedro
3. un libro de matemáticas	Julia	Pedro
4. una calculadora	Julia	Pedro
5. un diccionario	Julia	Pedro
6. un reloj	Julia	Pedro

1-20 ► ¿Qué hay? Name five things that you can find in your Spanish class and five things you can find in your own backpack. Be sure to use the correct indefinite articles.

1. En mi clase de español, hay . . .

_____

_____.

2. En mi mochila, tengo . . .

_____

_____.

Gramática 2: *Saying how many: Numbers from 0 to 100* (Textbook p. 14)

1-21 ▶ Series de números. Complete the series with the logical missing numbers.

1. cinco, diez, quince, _____, veinticinco, treinta

2. diez, veinte, treinta, cuarenta, _____, sesenta

3. dos, _____, seis, ocho, diez

4. uno, _____, veintiuno, treinta y uno, cuarenta y uno

5. doce, veinticuatro, treinta y seis, _____, sesenta

1-22 ▶ Cálculos. Solve the following calculations and write the answers in words in Spanish.

Modelo: treinta y cinco + quince = *cincuenta*

1. diecisiete + (*más*) veinticuatro = _____

2. cien – (*menos*) treinta y dos = _____

3. cinco × (*multiplicado por*) tres = _____

4. cuarenta y uno + veintiuno _____

5. cien + dos = _____

1-23 ▶ Ciudades hispanas. Listen to the names of the six cities in the U.S. with populations over 100,000 where the greatest percentage of the population speaks Spanish at home, according to the U.S. Census Bureau. Write the percentages that you hear in words.

1. Hialeah, Florida: _____ por ciento

2. Laredo, Texas: _____ por ciento

3. Brownsville, Texas: _____ por ciento

4. East Los Angeles, California: _____ por ciento

5. Santa Ana, California: _____ por ciento

6. McAllen, Texas: _____ por ciento

1-24 ▶ Números de teléfono. Answer the following questions orally in complete sentences.

1. ¿Cuál (*What*) es tu número de teléfono?

2. ¿Cuál es el número de teléfono de tu mejor amigo/a?

3. ¿Cuántas clases tienes este semestre / trimestre?

4. ¿Cuántos libros tienes para tus clases este semestre / trimestre?

5. ¿Cuántos estudiantes hay en tu clase de español?

1-25 ▶ ¡A escribir! Write an e-mail introducing yourself to a new roommate who is coming from Colombia. Write complete sentences, and be sure to give your name, where you are from, your telephone number (*Mi número de teléfono es . . .*), and tell what you have in your room (a desk, a bed, a TV set . . .). At the end of your paragraph, ask your future roommate for the same information that you provided before, in order to get to know him / her better. Remember to say goodbye at the end of your e-mail.

Querido/a (*Dear*) _____,

¿Cómo estás? Me llamo _____ y soy tu nuevo/a compañero/a de cuarto (*new roommate*).

Yo soy de _____. Mi número de teléfono es el _____.

En mi cuarto, tengo _____

_____.

Y tú, _____

_____

_____

_____

(tu nombre)

Tema 3: ¿Cómo es la universidad?

Vocabulario: En el campus universitario

1-26 ▶ Descripciones. Read the following sentence fragments, and complete each one with the opposite of the word given.

1. Mi novia no es fea, es _____.

2. La clase no es fácil, es _____.

3. El profesor no es aburrido, es _____.

4. Mi mejor amigo no es antipático, es _____.

5. El libro no es malo, es _____.

6. La biblioteca no es grande, es _____.

a. bueno

b. pequeña

c. interesante

d. simpático

e. bonita

f. difícil

1-27 ▶ ¿Cómo son? One adjective from each pair describes the people in the following drawings, and the other does not. Write each adjective in the appropriate blank, changing its ending as necessary.

Modelo: Mi novia es *extrovertida*. No es muy *seria*.

(serio, extrovertido)

1. (tonto, intelectual)   2. (pesimista, interesante)   3. (organizado, perezoso)

4. (divertido, trabajador)

1. Mi mejor amigo es _____. No es _____.

2. Mi compañero de cuarto es _____. No es muy _____.

3. Mi profesora es _____. No es _____.

4. Mis amigos son _____, pero no son muy _____.

1-28 ▶ La universidad. In the following word search puzzle, find the ten words related to the university campus. Words can be found horizontally or vertically.

T	B	M	O	D	E	R	N	O	R
A	I	T	B	O	N	I	T	O	E
V	B	B	V	C	O	P	L	I	S
U	L	A	T	L	U	B	E	C	I
G	I	M	N	A	S	I	O	I	D
R	O	I	D	S	I	C	T	F	E
I	T	T	A	E	R	V	A	I	N
D	E	G	R	A	N	D	E	D	C
A	C	N	U	E	V	O	M	E	I
C	A	F	E	T	E	R	Í	A	A

biblioteca   clase

gimnasio   edificio

cafetería   residencia

grande   moderno

bonito   nuevo

Gramática 1: *Specifying people and things and describing them: The definite article and adjectives* (TEXTBOOK P. 18)

1-29 ▶ ¿Dónde está(n)? Complete the sentences logically with the indicated words in the correct order, including the correct form of the word for *the* (**el, la, los, las**). Note that you use **está** to say where one thing *is* and **están** to say where several things *are*.

Modelo: *Los estudiantes* están en *el gimnasio.* (gimnasio / estudiantes)

1. _____ está en _____. (biblioteca / edificio nuevo)

2. _____ están en _____. (definiciones / diccionario)

3. _____ están en _____. (estante / libros)

4. _____ está en _____. (profesor / laboratorio de lenguas)

5. _____ está en _____. (pizarra / ejercicio)

6. _____ están en _____. (lápices / mochila)

1-30 ▶ ¿Cómo es la universidad? Some visitors are asking questions about your university. Complete the following questions with the definite article (**el, la, los, las**) in the logical blank and the indefinite article (**un, una, unos, unas**) in the other.

1. ¿Hay _____ residencias para _____ estudiantes?

2. ¿Hay _____ cafetería? ¿Es buena _____ comida?

3. ¿Hay _____ laboratorio de lenguas para _____ clases de español?

4. ¿Tienes _____ profesor de español interesante? ¿Cómo es _____ clase?

5. ¿Hay _____ televisor en _____ salón de clase?

6. ¿Tienes _____ clase más difícil que (*than*) _____ otras este semestre / trimestre?

1-31 ▶ Una actitud positiva. A positive student says only good things about his university and friends. Complete his answer to each question you hear with the noun and the adjective that gives a positive impression.

Modelo: ¿Tienes clases aburridas o interesantes?
          Tengo *clases interesantes.*

1. Hay una _____ en la universidad.

2. Hay muchos _____ en el campus.

3. Tengo _____.

4. Tengo _____.

5. Es una _____.

6. Hay _____ en la cafetería.

🔊 **1-32 ▶ ¿De quién habla?** Laura is talking about certain people in her life. Listen to each statement and indicate who is being described: her boyfriend, her professor, or both (**los dos**).

1. su novio   su profesora   los dos

2. su novio   su profesora   los dos

3. su novio   su profesora   los dos

4. su novio   su profesora   los dos

5. su novio   su profesora   los dos

1-33 ▶ ¿Cómo son? Fill in the blanks with the correct forms of the definite article (**el, la, los, las**) and the two adjectives in parentheses that are logical together.

Modelo: *La* biblioteca es *nueva* y *moderna.* (nuevo, viejo, moderno)

1. _____ clase de español es _____ y _____.
(aburrido, interesante, divertido)

2. _____ estudiantes son _____ y _____.
(optimista, pesimista, simpático)

3. _____ amigas de mi novia son _____ y _____.
(perezoso, serio, trabajador)

4. _____ comida de la cafetería es _____ y _____.
(bueno, malo, aburrido)

5. _____ cuartos de las residencias son _____ y _____.
(malo, bonito, feo)

6. _____ edificios son _____ y _____.
(moderno, bueno, malo)

1-34 ▶ Describe tu universidad. Answer the following questions about your university.

1. ¿Cómo es tu universidad?

_____

2. ¿Hay un laboratorio de lenguas en tu universidad?

_____

3. ¿Cómo son tus compañeros de cuarto?

_____

4. ¿Cómo es la biblioteca?

_____

5. ¿Cómo es tu profesor/a de español?

_____

Gramática 2: *Saying who it is: Subject pronouns and the verb* **ser**
(TEXTBOOK P. 20)

1-35 ► Los sujetos. Choose the corresponding subject pronoun for each person or group of people.

1. los estudiantes
   a. yo   b. ellos   c. tú

2. Ana
   a. tú   b. ustedes   c. ella

3. Ana y yo
   a. nosotros   b. ellos   c. él

4. mi amigo
   a. él   b. ella   c. nosotros

5. Lola, Blanca y Elena
   a. ellas   b. ellos   c. tú

6. Pedro y tú
   a. él   b. tú   c. ustedes

1-36 ► Presentaciones. Complete Pedro's description of himself with the correct forms of the verb **ser**.

Hola, me llamo Pedro Martínez. (1) _____ de Madrid, la capital de España. Estudio en la

Universidad Autónoma de Madrid. (2) _____ extrovertido, inteligente y a veces (*sometimes*)

un poco perezoso. Mi padre (*father*) (3) _____ español y (4) _____ profesor. Mi madre

(*mother*) (5) _____ italiana. Mis padres y yo (6) _____ muy trabajadores. Y tú, ¿de dónde

(7) _____? ¿Y cómo (8) _____ tus padres (*your parents*)?

1-37 ► ¿Y tú? Imagine that you and your best friend run into a classmate from your Spanish class who asks these questions. Answer each question with a complete sentence in Spanish.

1. Tú y yo somos compañeros de clase, ¿no? ¿Quién es tu profesor / a de español?

_____

2. ¿Cómo son tus profesores este semestre / trimestre?

_____

3. ¿ Es el / la profesor/a de español de México?

_____

4. ¿De dónde eres (tú)?

_____

5. ¿Tus otras clases son fáciles o difíciles este semestre?

_____

6. ¿Tu mejor amigo/a es estudiante?

_____

🔊 1-38 ▶ ¿Cómo es? ¿Cómo son? Answer each question you hear with the correct form of the verb **ser** and of the adjective that you see.

Modelo: moderno
          ¿Cómo es la cafetería?
          La cafetería es moderna.

1. interesante

_____

2. viejo

_____

3. optimista

_____

4. malo

_____

5. trabajador

_____

6. paciente

_____

🔊 1-39 ▶ **Un estudiante internacional.** Listen to the following questions an international student is asking you about the university and about yourself. Answer the questions in complete sentences.

1. _____

2. _____

3. _____

4. _____

5. _____

1-40 ▶ La universidad. Describe orally your classes, classmates and professors at the university. Be sure to use correct forms of **ser** and correct noun / adjective agreement.

Tema 4: ¿Te gustan tus clases? ¿Qué dice el profesor / la profesora?

Vocabulario: Los cursos universitarios y frases útiles

1-41 ▶ Fuera de lugar. Select the word that does not belong in each group.

1. a. historia   b. sociología   c. sicología   d. alemán

2. a. francés   b. arte   c. español   d. inglés

3. a. química   b. física   c. literatura   d. biología

4. a. música   b. arte   c. teatro   d. contabilidad

5. a. filosofía   b. contabilidad   c. economía   d. administración de empresas

1-42 ▶ Las clases en la universidad. Match each drawing with the corresponding class.

1. _____

5. _____

2. _____

a. la clase de historia

b. la clase de música

c. la clase de español

d. la clase de química

e. la clase de informática

3. _____

4. _____

1-43 ▶ Las clases de Isabel. Listen to Isabel as she talks about her classes, and indicate which classes she is taking this semester and which she will take next semester (**el próximo semestre**). If she is not taking the class, then select **No se menciona**.

1. español	Este semestre	El próximo semestre	No se menciona.
2. japonés	Este semestre	El próximo semestre	No se menciona.
3. economía	Este semestre	El próximo semestre	No se menciona.
4. matemáticas	Este semestre	El próximo semestre	No se menciona.
5. música	Este semestre	El próximo semestre	No se menciona.
6. contabilidad	Este semestre	El próximo semestre	No se menciona.
7. historia	Este semestre	El próximo semestre	No se menciona.
8. informática	Este semestre	El próximo semestre	No se menciona.

1-44 ▶ Disciplinas. You are asking for information about various majors at the university; tell how the following courses are classified.

Modelo: La historia y la sociología son *ciencias sociales*.

1. La literatura y la filosofía son _____.

2. La biología y la química son _____.

3. La música y el teatro son _____.

4. El japonés y el alemán son _____.

5. Las matemáticas y la informática son _____.

1-45 ▶ ¿Quién lo dice? Indicate who would most likely say the following things in a Spanish classroom: a student or the instructor.

1. Repitan las siguientes palabras, por favor.
   estudiante   profesor/a

2. No sé la respuesta.
   estudiante   profesor/a

3. ¿Hay tarea para la próxima clase?
   estudiante   profesor/a

4. Aprendan estas palabras para mañana.
   estudiante   profesor/a

5. Hagan el mismo ejercicio en parejas.
   estudiante   profesor/a

6. No comprendo. ¿Qué significa "informática"?
   estudiante   profesor/a

🔊 **1-46 ▶ Tu profesor / a de español.** You will hear a professor giving instructions in class. Select the instruction that corresponds to each picture.

1.

Instruction A
Instruction B
Instruction C
Instruction D

3.

Instruction A
Instruction B
Instruction C
Instruction D

2.

Instruction A
Instruction B
Instruction C
Instruction D

4.

es-pa-ñol
es-pa-ñol

Instruction A
Instruction B
Instruction C
Instruction D

🔊 **1-47 ▶ Preguntas.** Listen to the questions that another international student asks you, and answer them in complete sentences.

1. _____

2. _____

3. _____

4. _____

5. _____

1-48 ▶ ¿Te gusta? Tell how you feel about each of the following things using the correct form of the verb **gustar**.

Modelos: *Me gusta* la música.
            No me gustan las ciencias.

1. _____ la clase de biología.

2. _____ los exámenes difíciles.

3. _____ los cursos técnicos.

4. _____ el arte.

5. _____ las lenguas.

1-49 ▶ Diario. A student from Mexico is planning to study at your university next semester, and he wrote you a letter asking some questions before getting ready for his trip. Write back to him, describing your university (buildings, residence halls, cafeteria), your classes, your professors, and your classmates.

_____

_____

_____

_____

_____

_____

_____

_____

Resumen de gramática (TEXTBOOK P. 24)

1-50 ▶ El género de las palabras.

A. Select all the feminine words in the following sentences, including articles.

1. Las estudiantes de la clase de español son muy trabajadoras.

2. Las residencias de la universidad son muy modernas.

3. Me llamo Juan Pérez. Soy profesor y tengo clases pequeñas este semestre.

B. Select all the masculine words in the following sentences, including articles.

4. Los cuadernos son nuevos.

5. Los compañeros de cuarto de Juan son perezosos.

6. Buenos días.

1-51 ▶ El número de las palabras. Look at the following drawings and label the items. Write out the number given in front of each item and make the necessary agreements.

Modelo:

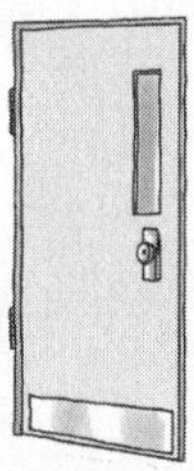

(5) _____
cinco puertas

1. (27) _____   2. (1) _____

3. (31) _____   4. (50) _____

5. (15) _____   6. (72) _____

1-52 ▶ Crucigrama. Complete the following crossword puzzle using the clues provided. The topic is "First-year Spanish"!

Horizontal

2. En la clase, _____ veinte sillas.

4. yo, tú, él, _____, vosotros, ellos

8. _____ soy muy trabajadora.

9. Me _____ Juan. ¿Y tú? ¿Cómo te llamas?

10. Me _____ (*like*) mucho el chocolate.

Vertical

1. ¿De dónde _____?

3. una clase _____ (*boring*)

5. Me _____ (*like*) las clases de ciencias.

6. Las profesoras _____ (*are*) muy inteligentes.

7. Nosotros _____ (*are*) estudiantes mexicanos.

1-53 ▶ ¿Ser, estar o hay? Choose the appropriate verb to express *to be*, based on how it is used in the sentence. Be sure each verb agrees with the subject.

Modelo: Ana *es* una estudiante inteligente.

1. _____ veinticinco estudiantes en mi clase de español.

2. _____ una clase divertida.

3. Los estudiantes _____ muy trabajadores.

4. Tengo mucha tarea y (yo) _____ muy ocupada.

5. El profesor _____ de México.

En la vida real
Context for activities 1-54 to 1-58

The person in charge of assigning the rooms at your university has just informed you that you have been accepted to live in the Spanish House next semester. This is a house on campus where students interested in the Spanish language live with native speakers. Your new roommate is from Colombia and has a lot of questions about the university, the classes, the professors, and the students.

1-54 ▶ Tus profesores. Your new roommate is calling you on the telephone and doesn't quite understand the names of the professors. Spell the names of the following professors orally.

Modelo: El profesor de la clase de psicología es el señor Batalla.
          be – a – te – a – ele – ele – a

Nombre: _____ Fecha: _____

1. El profesor de la clase de historia es el señor Adams.

2. El profesor de la clase de biología es el señor Smith.

3. La profesora de la clase de ciencias políticas es la señora Brown.

4. La profesora de la clase de arte es la señora Davis.

5. El profesor de la clase de francés es el señor Leblanc.

1-55 ► Tus amigos. You also want to describe your friends to your new roommate. Complete the following paragraph with the correct words from the list.

cafetería	**gustan**	**biblioteca**	**simpático**
clases	**biología**	**español**	**tímida**

En la universidad, tengo muchos amigos. Mis mejores amigos son Juan, Ana, Cristina y Pablo. Juan es muy

(1) _____ y extrovertido. Le (2) _____ las ciencias. Estudia (3) _____ y es de

Nueva Jersey. Ana es un poco más (4) _____, pero es muy inteligente. Estudia mucho para las (5)

_____. Cristina es de Nueva York. Ella es muy bonita. Estudia lenguas y habla muy bien (6)

_____ y francés. Pablo es muy divertido y trabajador. Estudio con él en la (7) _____ y

por la noche, cenamos juntos (*we have dinner together*) en la (8) _____.

1-56 ► Tu cuarto. In order to know what your new roommate should bring to the room, you mention what you already have. Fill in the blanks with three things you have in your room, and three things you don't have.

1. En mi cuarto, hay _____.

2. En mi cuarto, no hay _____.

1-57 ► Tus clases. To help your new roommate, you want to explain the things that you will need for each class. Match each course with the object that you would most likely use.

1. la clase de informática _____   a. una calculadora

2. la clase de matemáticas _____   b. un diccionario inglés / español

3. la clase de inglés _____   c. una novela

4. la clase de español _____   d. una computadora

5. la clase de comunicación _____   e. un televisor

1-58 ▶ **¿Cuántos?** This new student wants to know more about the campus and certain courses. Answer the following questions by writing sentences, giving the number that you will hear.

Modelo: ¿Cuántos estudiantes hay en la clase de literatura?
veinte
Hay veinte estudiantes.

1. ¿Cuántos estudiantes hay en la clase de biología?

_____

2. ¿Cuántas clases de español hay?

_____

3. ¿Cuántos profesores hay en la universidad?

_____

4. ¿Cúantos edificios hay en el campus?

_____

5. ¿Cuántas bibliotecas hay en el campus?

_____

Lectores de hoy

1-59 ▶ **Cognados.** Isabel began studying Spanish at the university this year and she has gone to Lima, Peru with the program *Sin fronteras* in order to improve her knowledge of the Spanish language and Hispanic culture. Read the postcard she writes to her parents, and then select all the cognates in each of the sentences that follow it.

Hola papá y mamá,

Estoy aquí en Lima, la capital de Perú. Es una ciudad (city) muy bonita y muy grande, pero muy diferente. Los peruanos son muy simpáticos también.

El programa Sin fronteras es muy interesante. Tengo muchas clases de español y estudio todos los días en el laboratorio de lenguas. También tengo clases de cultura, historia y civilización. ¡Me interesa mucho la cultura inca! Mi profesora de cultura inca habla (speaks) quechua, la lengua de los incas.

Mis amigos son Alex, Linda y Amanda. Alex estudia bellas artes. Es un actor y un gran artista. Linda estudia ciencias y Amanda estudia administración de empresas. Le gusta mucho la economía. Ahora están aquí para estudiar español también.

Estoy muy contenta (happy) aquí en Lima. El español no es una lengua fácil y necesito más práctica. Espero (I hope) ser bilingüe en el futuro.

Adiós,
Isabel

1. Lima es la capital de Perú.

2. Es una ciudad muy diferente.

3. El programa *Sin fronteras* es muy interesante.

4. Alex es un actor y un gran artista.

5. Tengo clases de cultura, historia y civilización.

1-60 ▶ Cierto o Falso. Indicate whether the following statements about Isabel, her classes, and her friends are **Cierto** (*True*), **Falso** (*False*), or not mentioned in the reading (**No se menciona**).

1. Lima es la capital de Bolivia.	Cierto	Falso	No se menciona.
2. Isabel está en Perú para estudiar español.	Cierto	Falso	No se menciona.
3. La universidad de Isabel es muy grande.	Cierto	Falso	No se menciona.
4. Isabel tiene clases de lengua, cultura, historia y civilización.	Cierto	Falso	No se menciona.
5. El quechua es la lengua de los incas.	Cierto	Falso	No se menciona.
6. Los amigos de Isabel son de California.	Cierto	Falso	No se menciona.

Voces de la calle

1-61 ▶ Orígenes. All the people that you will hear speaking in this video come from different places. Select all the countries or regions you hear mentioned in the video.

Chile	Nicaragua
Ecuador	Paraguay
Guatemala	Puerto Rico
México	Venezuela

1-62 ▶ Personas diferentes. The people interviewed in this video have very different lives. Match each person or couple with the information that describes them.

1. Jorge Merced _____   a. son mexicanos.

2. Michelle y Alejandro _____   b. es música e intérprete.

3. Dennis _____   c. trabaja en una compañía de teatro.

4. Edgar _____   d. estudia en La Guardia Community College.

5. Analissa _____   e. es periodista (*journalist*).

6. Gloria y Héctor _____   f. viven (*live*) en Queens, Nueva York.

Escritores en acción

1-63 ▶ Una carta. You are sending a letter to a student who is coming from a small village in Mexico and does not have access to e-mail. He will spend one semester at your university and needs someone to tell him what to expect. Explain to him about your university, your classes, your classmates, and professors. Provide a description of yourself as well, since you will probably be his first friend when he arrives.

_____

_____

_____

_____

_____

_____

_____

_____

_____

_____

2 Después de clase

Tema 1: ¿Qué día? ¿A qué hora?

Vocabulario: Mi horario

2-1 ▶ El horario de Miguel. Read Miguel's schedule, and match the following statements based on the information given.

	lunes	martes	miércoles	jueves	viernes	sábado	domingo
9:00–10:00	español		español		español		
10:00–11:00	informática	biología	informática	biología	informática		
11:00-12:00	laboratorio		laboratorio		laboratorio		
12:00–1:00	cafetería	arte	cafetería	arte	cafetería		
1:00–2:00							
2:00–3:00	biblioteca	tenis	biblioteca	tenis		fútbol	
3:00–4:00	biblioteca		biblioteca				
4:00–5:00	biblioteca		biblioteca		¡FIESTA!		

1. Los lunes, miércoles y viernes, a las 9 de la mañana, _____

2. Después de la clase de biología, _____

3. Los lunes de dos a cinco, _____

4. Los sábados a las dos de la tarde, _____

5. Los miércoles al mediodía, _____

6. Los martes y jueves por la tarde, _____

a. Miguel está en la cafetería con sus amigos.

b. Miguel practica tenis.

c. Miguel estudia en la biblioteca.

d. Miguel tiene clase de español.

e. Miguel no tiene clase.

f. Miguel practica fútbol.

2-2 ▶ Una conversación. Complete the following telephone conversation between Ángela and Patricio using the words from the list.

juntos	fin de semana	de	trabajo	sola	conmigo	estoy

ÁNGELA: Hola, Patricio. ¿Cómo estás?

PATRICIO: Muy bien. ¿Y tú?

ÁNGELA: Muy bien. (1) _____ en la cafetería con Ana y Raquel. ¿Dónde estás tú?

PATRICIO: Estoy en la biblioteca porque tengo un examen de matemáticas esta semana.

ÁNGELA: No me gusta estudiar (2) _____. ¿Te gustaría estudiar (3)

_____ este (4) _____ o trabajas el sábado y el domingo?

PATRICIO: Sí, (5) _____ el sábado de 9 a 3 y el domingo

(6) _____ 9 a 12, pero casi siempre estoy en la biblioteca los domingos

después del trabajo y me gustaría estudiar (7) _____.

ÁNGELA: Perfecto. ¿A qué hora?

PATRICIO: ¿A las dos?

ÁNGELA: ¡Muy bien! Hasta el domingo.

Nombre: _____ Fecha: _____

2-3 ▶ ¿Dónde está Ramón? The following drawings show you a typical day for Ramón. Complete the sentences by telling where Ramón is at each time of day. Choose among the following possibilities.

en casa   en el trabajo   en el autobús

Modelo: A las siete de la mañana, Ramón está *en casa.*

1. A las ocho y veinte de la mañana, Ramón está _____.

2. A las nueve menos veinte de la mañana, Ramón está _____.

3. A las nueve y media de la mañana, Ramón está _____.

4. A las seis de la tarde, Ramón está _____.

2-4 ▶ Tu horario. Answer the questions you hear about your schedule, and be sure to write out the hours in words.

Modelo: ¿Dónde estás los miércoles a las diez y media de la mañana?
          A las diez y media de la mañana, estoy en clase de historia.

1. _____

2. _____

3. _____

4. _____

5. _____

Gramática 1: *Describing your schedule: Time and days of the week*
(TEXTBOOK P. 38)

2-5 ▶ ¿Qué hora es? Look at each clock, and write what time it is. Be sure to write a complete sentence giving the time, using **es or son,** and also tell whether it is morning, afternoon, or night.

Modelo:

Son las dos y media de la tarde.

1.

2.

3.

1. _____.

2. _____.

3. _____.

4.

5.

6.

4. _____.

5. _____.

6. _____.

Nombre: _____ Fecha: _____

2-6 ► El programa de televisión. Look at the schedule of the following television programs from Spain and complete the sentences, following the model.

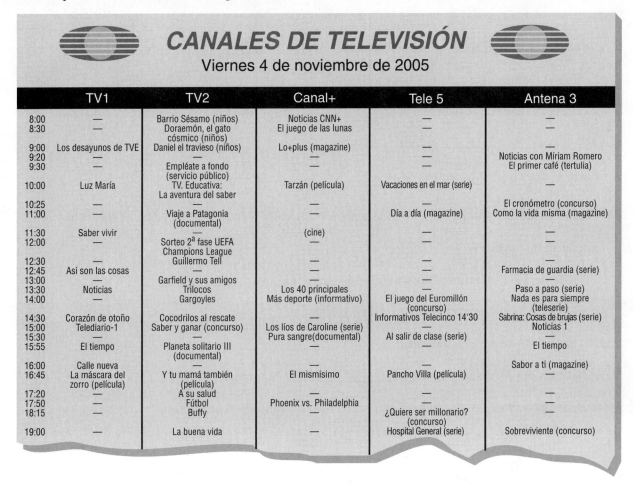

CANALES DE TELEVISIÓN
Viernes 4 de noviembre de 2005

	TV1	TV2	Canal+	Tele 5	Antena 3
8:00	—	Barrio Sésamo (niños)	Noticias CNN+	—	—
8:30	—	Doraemón, el gato cósmico (niños)	El juego de las lunas	—	—
9:00	Los desayunos de TVE	Daniel el travieso (niños)	Lo+plus (magazine)	—	—
9:20	—		—	—	Noticias con Míriam Romero
9:30	—	Empléate a fondo (servicio público)	—	—	El primer café (tertulia)
10:00	Luz María	TV. Educativa: La aventura del saber	Tarzán (película)	Vacaciones en el mar (serie)	
10:25	—		—		El cronómetro (concurso)
11:00	—	Viaje a Patagonia (documental)	—	Día a día (magazine)	Como la vida misma (magazine)
11:30	Saber vivir		(cine)	—	—
12:00	—	Sorteo 2ª fase UEFA Champions League		—	—
12:30	—	Guillermo Tell	—	—	
12:45	Así son las cosas		—	—	Farmacia de guardia (serie)
13:00	—	Garfield y sus amigos	—	—	
13:30	Noticias	Trilocos	Los 40 principales	—	Paso a paso (serie)
14:00		Gargoyles	Más deporte (informativo)	El juego del Euromillón (concurso)	Nada es para siempre (teleserie)
14:30	Corazón de otoño	Cocodrilos al rescate	—	Informativos Telecinco 14'30	Sabrina: Cosas de brujas (serie)
15:00	Telediario-1	Saber y ganar (concurso)	Los líos de Caroline (serie)	Al salir de clase (serie)	Noticias 1
15:30	—		Pura sangre(documental)	—	
15:55	El tiempo	Planeta solitario III (documental)	—	—	El tiempo
16:00	Calle nueva		—	—	Sabor a ti (magazine)
16:45	La máscara del zorro (película)	Y tu mamá también (película)	El mismísimo	Pancho Villa (película)	
17:20	—	A su salud	—	—	—
17:50	—	Fútbol	Phoenix vs. Philadelphia	—	—
18:15	—	Buffy		¿Quiere ser millonario? (concurso)	—
19:00	—	La buena vida	—	Hospital General (serie)	Sobreviviente (concurso)

tres y media	*antes de*	después de	hasta	antes de	de a

Modelo: Los "40 principales" es *antes de* "Más deporte".

1. "Al salir de clase" es a las _____ de la tarde en Tele 5.

2. "Cocodrilos al rescate" es _____ "Saber y ganar".

3. "La máscara del zorro" es _____ "Calle nueva".

4. "Corazón de otoño" es de las dos y media de la tarde _____ las tres.

5. "Sabrina: cosas de brujas" es _____ 2:30 _____ 3:00.

2-7 ▶ La semana de Emma. Emma likes to be very busy during the week. Complete the description of her activities by writing out in letters the time that you see in parentheses.

Modelo: Los lunes tengo clase de español a las *nueve* (9:00).

1. Los martes, estudio con mis amigas en la biblioteca al _____ (noon).

2. Los fines de semana, desayuno (*I have breakfast*) a las _____ (10:30).

3. Los viernes, estoy en la cafetería a la _____ (12:45).

4. Los miércoles, tengo clase de química a las _____ (8:30).

5. Todos los días de la semana, trabajo a las _____ (6:40).

2-8 ▶ Los días de la semana. Complete the sentences logically with the missing days of the week.

1. El día después de martes es _____.

2. El Día de Acción de Gracias (*Thanksgiving*) es siempre un _____.

3. El primer día de la semana laboral (*work week*) es _____.

4. Los días del fin de semana son sábado y _____.

5. El día antes de sábado es _____.

2-9 ▶ Unas preguntas. Answer the questions you hear in complete sentences.

Modelo: ¿Qué días de la semana trabajas?
          Trabajo los lunes, miércoles y jueves.

1. _____

2. _____

3. _____

4. _____

5. _____

Gramática 2: *Saying where you are: The verb **estar*** (TEXTBOOK P. 40)

2-10 ▶ ¿Vamos a comer? Ana and Emilio haven't seen each other during the whole summer, and want to make plans. Complete their phone conversation with the correct forms of the verb **estar**.

ANA: Hola, Emilio, soy Ana. ¿Cómo (1) _____?

EMILIO: (2) _____ muy bien. ¿Y tú?

ANA: Muy bien también. ¿Dónde (3) _____ ahora?

EMILIO: (4) _____ en un café. Mis amigos Laura y Juan (5) _____

conmigo. Y tú, ¿dónde (6) _____?

ANA: Mi compañera de cuarto y yo (7) _____ en la biblioteca, pero

_____ (8) cansadas de estudiar. ¿En qué café (9) _____

ustedes?

EMILIO: (10) _____ en el café Acapulco. ¿Te gustaría venir (*to come*)?

ANA: Sí. ¡Nos vemos en quince minutos!

2-11 ▶ ¿Dónde estás? Answer the following questions about yourself, your friends, and your family. You can use **No sé dónde está(n)** if you do not know where people are on certain days.

Modelo: ¿Generalmente, dónde estás los lunes a las tres de la tarde?
Generalmente, los lunes a las tres de la tarde estoy en clase.

1. ¿Generalmente, dónde estás los sábados por la mañana?

_____

2. ¿Dónde estás ahora?

_____

3. ¿Generalmente, dónde están tus amigos el jueves por la tarde?

_____

4. ¿Dónde está tu profesor/a de español los lunes por la mañana?

_____

5. ¿Qué días están ustedes en la clase de español?

_____

🔊 **2-12 ▶ ¿Con qué frecuencia?** Listen to Celia as she talks about her activities during the week, and complete the following sentences with the correct phrase to indicate frequency.

1. Celia está en el gimnasio [con frecuencia / una vez a la semana].

2. Tiene clase de español [tres veces a la semana / todos los días].

3. Está con su (*her*) familia [los fines de semana / todos los días].

4. Estudia con sus amigos en la biblioteca [a veces / todos los días].

5. Los martes Celia tiene clase [a veces / todo el día].

2-13 ▶ ¿Y tú? Complete the following sentences with information about the frequency of your activities.

1. ¿Con qué frecuencia estás en la biblioteca?

   _____

2. ¿Con qué frecuencia estás en la cafetería de la universidad?

   _____

3. ¿Con qué frecuencia estás en la clase de español?

   _____

4. ¿Con qué frecuencia estás en el gimnasio?

   _____

5. ¿Con qué frecuencia estás en casa con tu familia?

   _____

2-14 ▶ Tu semana. Describe your weekly schedule orally. Be sure to mention your classes, when you study and work, and when you are with friends.

Tema 2: ¿Qué te gusta hacer después de clase?

Vocabulario: Las actividades diarias

2-15 ▶ ¿Qué hacen? During the weekend, Ana and her friends do many leisure activities. Match the following images with the activities that they illustrate.

1. _____

2. _____

3. _____

4. _____

a. bailar en una discoteca

b. trabajar en el jardín (*garden*)

c. mirar la televisión

d. tomar algo con unos amigos

e. hablar por teléfono

f. comprar ropa

5. _____

6. _____

Nombre: _____   Fecha: _____

2-16 ▶ Las actividades. Match each verb with the most logical word or expression.

1. _____ escuchar

2. _____ comer

3. _____ bailar

4. _____ mirar

5. _____ hablar

6. _____ estudiar

a. la televisión

b. en una discoteca

c. por teléfono

d. la radio

e. química en la biblioteca

f. en un restaurante

2-17 ▶ El fin de semana de Juan y Pedro. The following are the activities that Juan and Pedro do during the weekend. Select the activity in each group that does not belong.

1. a. ir al cine   b. bailar   c. salir   d. trabajar

2. a. tocar la guitarra   b. escuchar música   c. cantar   d. cocinar

3. a. preparar la cena   b. limpiar   c. bailar   d. cocinar

4. a. bailar   b. trabajar en la oficina   c. cantar   d. escuchar música

2-18 ▶ ¿Y tú? Answer the questions you hear about your own activities, and those of your friends and family. Remember to write complete sentences.

1. _____

2. _____

3. _____

4. _____

5. _____

Gramática 1: *Talking about your activities: Regular –ar verbs*
(TEXTBOOK P. 44)

2-19 ▶ Los sujetos. Select the subject(s) that can be used with the following conjugated verbs. There might be more than one correct answer for each.

1. limpian
   a. yo   b. nosotros   c. ustedes   d. ellos

2. llegamos
   a. nosotros   b. ustedes   c. usted   d. Iván y yo

3. compras
   a. ustedes   b. ellas   c. tú   d. Jesús y José

4. canto
   a. Pablo   b. tú   c. yo   d. usted

5. escucha
   a. Marcos   b. mi amiga   c. usted   d. ustedes

6. descansan
   a. nosotros   b. tú   c. ellas   d. Lucía

2-20 ▶ ¿Qué hacen? Marco knows a lot of people on campus and he tells his new roommate what they do during the week. Complete the following sentences with the correct form of the appropriate verbs from the list.

estudiar	**bailar**	**hablar**	**preparar**	**llegar**	**mirar**	**tocar**

Modelo: Nosotros *estudiamos* mucho después de las clases.

1. Juana _____ en la discoteca.

2. Carolina y Victoria _____ a casa a las ocho de la noche.

3. Elena y yo _____ por teléfono todos los días.

4. Verónica y sus padres _____ la televisión los sábados por la noche.

5. Patricia y María _____ la cena para sus (*their*) amigos.

6. Tú _____ música con tu banda.

2-21 ▶ Después de clase. Andrés and Diego are talking about their activities after class. Based on the conversation you hear, decide whether each of the following statements is **cierto** (true) or **falso** (false). Select **No se menciona** if it is not mentioned.

1. Diego está muy ocupado.	Cierto	Falso	No se menciona.
2. Andrés está cansado.	Cierto	Falso	No se menciona.
3. Después de clase, Diego trabaja hasta las siete.	Cierto	Falso	No se menciona.
4. Después de ir a la biblioteca, Andrés tiene una clase.	Cierto	Falso	No se menciona.
5. Diego necesita limpiar su cuarto mañana.	Cierto	Falso	No se menciona.
6. El domingo, hay un concierto.	Cierto	Falso	No se menciona.

Gramática 2: *Asking questions: Question formation* (TEXTBOOK P. 46)

2-22 ▶ ¿Verdad? Lucía is not sure that she heard what her friend Enrique told her, and she wants to make sure she understood it all. Unscramble each group of words to form "yes" or "no" questions, and be sure to begin with the capitalized word. Also remember to include a comma in your answer, as in the model.

Modelo: ¿verdad? / Te gusta / con frecuencia / al cine / ir
           Te gusta ir al cine con frecuencia, ¿verdad?

1. las siete / ¿verdad? / a / Trabajas

   _____

2. en la biblioteca / esta tarde / Estudias / ¿no?

   _____

3. tus compañeros de cuarto / ¿verdad? / con / Cocinas

   _____

4. tus padres (*parents*) / por teléfono / Hablas / ¿verdad? / con

   _____

5. la televisión / ¿no? / por la noche / Miras

   _____

2-23 ▶ Unas preguntas. Paula and Cecilia meet for the first time in French class. Match Cecilia's questions with Paula's responses.

Cecilia:

1. ¿De dónde eres? _____
2. ¿Dónde trabajas? _____
3. ¿Por qué estudias francés? _____
4. ¿Cuál es tu clase favorita? _____
5. ¿Dónde estudias? _____
6. ¿Con qué frecuencia hablas con tus padres? _____

Paula:

a. Trabajo en un restaurante mexicano.
b. Estudio en la biblioteca.
c. Porque me gustan las lenguas.
d. Soy de Buenos Aires.
e. Dos veces a la semana.
f. Es la clase de biología.

2-24 ▶ Tu nuevo compañero de cuarto. Felipe has a new roommate, Pedro, and they meet on the first day of the semester. Complete the questions Pedro asks Felipe with the interrogative words from the list.

De dónde	Qué	Quién	Cómo	Cuántas	Cuál

1. — ¿ _____ te llamas?
   — Me llamo Felipe.

2. — ¿ _____ eres?
   — Soy de México.

3. — ¿ _____ estudias?
   — Estudio lenguas.

4. — ¿ _____ clases tienes este semestre?
   — Tengo cuatro clases este semestre.

5. — ¿ _____ es tu profesor/a favorito/a?
   — Mi profesor favorito es el Señor Leblanc, mi profesor de francés.

6. — ¿ _____ es tu clase favorita?
   — Mi clase favorita es la clase de francés.

2-25 ▶ ¿Y tú? Listen to the following questions a new friend asks about your own life, and answer in complete sentences.

1. _____

2. _____

3. _____

4. _____

5. _____

6. _____

2-26 ▶ ¿Qué o cuál? Complete each question with either **qué** or **cuál,** as appropriate.

1. ¿(Qué / Cuál) es tu clase más difícil?

2. ¿(Qué / Cuál) es un sustantivo?

3. ¿(Qué / Cuál) te gusta hacer los fines de semana?

4. ¿(Qué / Cuál) es el mejor restaurante de la ciudad?

5. ¿(Qué / Cuál) haces durante las vacaciones?

6. ¿(Qué / Cuál) es tu libro favorito?

2-27 ▶ Diario. Write an e-mail to a friend explaining what you do during the week after classes and how you spend your weekends. Then ask at least three questions about his / her activities. Use the **-ar** verbs presented in this *Tema,* and use verbs like **comer** (*to eat*), **ir** (*to go*) or **salir** (*to go out*) in the infinitive after **me / te gusta** to talk about what you like to do.

_____

_____

_____

_____

_____

_____

Tema 3: ¿Adónde vas?

Vocabulario: Lugares cerca de la universidad

2-28 ▶ Cerca de la universidad. Match the following activities with the places where they most logically occur.

1. comprar un libro _____   a. en el cine

2. hacer ejercicio _____   b. en un club nocturno

3. bailar _____   c. en un centro comercial

4. ver una película _____   d. en el gimnasio

5. ver un partido de fútbol _____   e. en la librería

6. comprar ropa _____   f. en el estadio

2-29 ▶ ¿Dónde están? Elena and her friends are spending their time after class in different ways. Look at the drawings and complete the sentences to tell where they are.

Modelo:

Ramón está *en el supermercado.*

1. María está _____.   2. Amanda está _____.

3. Laura y Daniel están

_____.

4. Víctor y Catalina están

_____.

5. Marcos, Ana y Diego están

_____.

2-30 ¿Qué hacemos esta noche? Complete the following conversation between Antonio and Juan with the appropriate words or phrases from the list.

lado	calle	fútbol americano	abierto
restaurante	cerca	lugar	estadio

ANTONIO: Hola, Juan. ¿Te gustaría ir a comer juntos esta noche?

JUAN: Qué buena idea. ¿Adónde quieres ir?

ANTONIO: ¿Qué te parece el (1) _____ mexicano (2) _____ de la

universidad? Está en la (3) _____ Martínez.

JUAN: Es el restaurante nuevo al (4) _____ de la biblioteca, ¿verdad?

ANTONIO: Sí, es un (5) _____ muy bonito.

JUAN: ¿Está (6) _____ los lunes?

ANTONIO: Creo que los domingos está cerrado, pero los otros días de la semana está abierto. ¿Te gusta la comida mexicana?

JUAN: Sí, mucho. ¿Y después, te gustaría ir al (7) _____ a ver el partido de

(8) _____?

ANTONIO: Me parece muy bien. ¿Nos vemos a las seis?

JUAN: Perfecto. Hasta luego.

Gramática 1: *Indicating location: Prepositions of place and contractions with **de*** (TEXTBOOK P. 50)

2-31 ▶ La universidad. Some high school students are visiting your university campus and need help finding different buildings. Answer their questions based on the campus map provided, and be sure to use a different preposition in each answer.

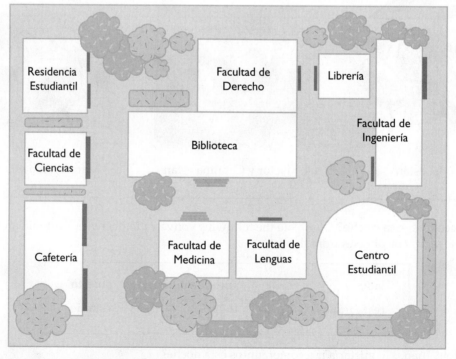

Modelo: ¿Dónde está la Facultad de Derecho?
Está a la izquierda de la librería.

1. ¿Dónde está la Facultad de Ingeniería?

_____

2. ¿Dónde está la Facultad de Medicina?

_____

3. ¿Dónde está la cafetería?

_____

4. ¿Dónde está la biblioteca?

_____

5. ¿Dónde está el centro estudiantil?

_____

2-32 ▶ ¿Cierto o Falso? Marcos is a new student and does not know the university campus very well. Listen to the following statements he makes about the location of the different buildings on his campus, and decide whether they are **cierto** or **falso** based on the map below.

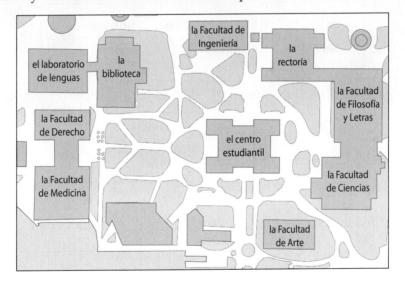

1. Cierto	Falso	5. Cierto	Falso
2. Cierto	Falso	6. Cierto	Falso
3. Cierto	Falso	7. Cierto	Falso
4. Cierto	Falso	8. Cierto	Falso

2-33 ▶ ¿Dónde está? Look at the drawing of Arturo's room and fill in the blanks with the most appropriate words or phrases from the list.

en	a la izquierda de	enfrente de
debajo de	encima del	entre

Modelo: La computadora está *encima de* la mesa.

1. El televisor está _____ la cama.

2. Los libros están _____ estante.

3. La alfombra (*rug*) está _____ la cama.

4. La cómoda (*chest of drawers*) está _____ la puerta y la cama.

5. La planta está _____ la lámpara (*lamp*).

6. El gato (*cat*) está _____ la cama.

Gramática 2: *Saying what you are going to do:* **Ir,** *contractions with* **a, ir a** + *infinitive* (TEXTBOOK P. 52)

2-34 ▶ ¿Adónde van? Emma and her friends need to go to some specific places. Listen to what they have to do, and complete the following sentences with the correct form of the verb **ir** and the place where each of them has to go.

el gimnasio	la librería	el supermercado
la biblioteca	el club nocturno	el cine

Modelo: Ana necesita estudiar para la clase de química.
Ella *va a la biblioteca.*

1. Ella _____.

2. Yo _____.

3. Ellos _____.

4. Nosotros _____.

5. Tú _____, ¿verdad?

2-35 ▶ ¿Qué van a hacer? Listen to the statements about what different people are going to do, and select the appropriate description below.

1. a. Van a salir esta noche.
   b. No van a salir esta noche.

2. a. Vamos a estar en la oficina todo el día.
   b. No vamos a estar en la oficina todo el día.

3. a. Va a pasar el día en casa.
   b. No va a pasar el día en casa.

4. a. Voy a comer en un restaurante.
   b. No voy a comer en un restaurante.

5. a. Va a cenar (*have dinner*) solo.
   b. No va a cenar solo.

6. a. ¿Vas a ir al gimnasio?
   b. ¿Vas a ir al supermercado?

2-36 ▶ Este fin de semana. Discuss orally the things you are going to do this weekend. Remember to use the correct form of the verb **ir a** + infinitive.

Tema 4: ¿Adónde te gusta ir los fines de semana?

Vocabulario: Los pasatiempos

2-37 ► ¿Cómo se sienten? Look at the drawings and choose the correct adjective from the list to express how the people are feeling. Be sure to make the necessary agreements.

enojado/a   nervioso/a   contento/a   aburrido/a   triste

INÉS

MARTA

1. Inés está _____.

2. Marta está _____.

3. Los estudiantes están

_____.

4. Jorge está _____.

5. Melisa está _____.

2-38 ▶ El fin de semana. Look for the following words related to activities you can do and places you can go during the weekend. Words can be found horizontally or vertically.

A	R	T	B	U	I	S	T	O	C	N
C	M	M	O	N	T	A	Ñ	A	O	L
C	E	R	T	P	I	S	C	I	N	A
I	Z	C	O	M	R	T	I	G	C	G
O	Q	V	I	V	I	R	P	L	I	O
M	U	S	E	O	T	S	L	E	E	T
S	I	N	A	G	O	G	A	S	R	U
E	T	E	A	T	R	O	Y	I	T	B
N	A	C	T	R	I	O	A	A	O	O

iglesia   teatro

montaña   concierto

museo   sinagoga

piscina   mezquita

playa   lago

2-39 ▶ ¿Qué vas a hacer en estos lugares? Fill in the blanks with the activities you are going to do the next time you go to the following places.

Modelo: En la biblioteca voy a *estudiar*.

1. En la piscina voy a _____.

2. En la playa voy a _____.

3. En las montañas voy a _____.

4. En el centro comercial voy a _____.

2-40 ▶ Diario. Imagine that your friend is living abroad for a year in Costa Rica. Write him an e-mail asking about where he goes and what he does with his friends in his free time. Then tell him what you like to do outside of class or work, and say what you are going to do this weekend.

_____

_____

_____

_____

_____

_____

_____

Resumen de gramática (TEXTBOOK P. 56)

2-41 ▶ ¿A qué hora? Miguel does a lot of activities during the week. Answer the following questions telling at what time he does each activity, and be sure to write out the times, as in the model.

Modelo: ¿A qué hora practica Miguel el tenis? (4:00 PM)
Miguel practica el tenis a las cuatro de la tarde.

1. ¿A qué hora va Miguel al trabajo? (8:30 AM)

   _____

2. ¿A qué hora toma Miguel su café (*coffee*)? (10:20 AM)

   _____

3. ¿A qué hora va a comer Miguel con sus colegas? (12:00 PM)

   _____

4. ¿A qué hora regresa Miguel a casa? (4:40 PM)

   _____

5. ¿A qué hora mira Miguel la televisión? (7:00 PM)

   _____

6. ¿A qué hora va Miguel a la cama? (10:15 PM)

   _____

2-42 ▶ ¿Qué hace Marta durante la semana? As you listen to the speaker, complete the following sentences about Marta's activities with the correct words.

Marta es una (1) _____ mexicana. Los lunes, (2) _____ y viernes tiene

clase de español, química y (3) _____. Los (4) _____ y jueves, tiene

clases de (5) _____ e informática. Todos los días come con sus amigas en la cafetería de

la universidad. Los lunes (6) _____ practica el tenis con su mejor amiga, Adriana. Los

jueves y viernes (7) _____ va a la (8) _____ de la universidad. Los (9)

_____ por la mañana va a la biblioteca a estudiar. Los domingos va a la iglesia

(10) _____.

2-43 ► ¿Siempre? ¿Nunca? ¿A veces? Now, listen to the speaker again and answer the following questions by selecting the words and phrases from the list.

nunca	cuatro veces al mes	*tres veces a la semana*
todos los días	los sábados	dos veces a la semana

Modelo: ¿Con qué frecuencia tiene clase de español?
          tres veces a la semana

1. ¿Con qué frecuencia tiene clase de inglés?

     _____

2. ¿Con qué frecuencia va a la clase de historia?

     _____

3. ¿Con qué frecuencia va a comer en la cafetería de la universidad?

     _____

4. ¿Cuándo va a la biblioteca?

     _____

5. ¿Con qué frecuencia va a la iglesia?

     _____

2-44 ► Las actividades de Laura y sus amigos. Laura and her friends are very busy students. Complete each of the following sentences with the correct form of the appropriate verb.

1. Todos los lunes, Paula y yo _____ (estudiar / bailar) juntos en la biblioteca.

2. A veces Marcos y Luis _____ (rezar / escuchar) música en su apartamento.

3. María _____ (nadar / hablar) por teléfono con sus padres con frecuencia.

4. Yo _____ (cocinar / comprar) todos los días al mediodía en mi casa.

5. Tú _____ (limpiar / cantar) el apartamento una vez a la semana.

6. Penélope y tú _____ (mirar / tomar) la televisión por la noche.

2-45 ▶ ¿Qué van a hacer? Unscramble each group of words telling what the following students are going to do. Remember to use **ir a** + infinitive, as in the model, and to begin each sentence with the proper name(s) or pronoun.

Modelo: salir / Inés y Mario / esta noche
          Inés y Mario van a salir esta noche.

1. en el supermercado / comprar / Ana / comida

   _____.

2. al club nocturno / Juan y yo / bailar

   _____.

3. Lola y Paula / la clase / estudiar / para / de español

   _____.

4. hablar / con tus amigos / Tú / por teléfono

   _____.

5. preparar / Yo / la cena

   _____.

2-46 ▶ ¿Cúal es la pregunta? You are listening to your friend as she talks on the telephone. Reconstruct the questions of the person she is talking to, based on the answers she gives.

Modelo: *¿A qué hora tienes la clase de ciencias políticas?*
          Tengo la clase de ciencias políticas a las nueve de la mañana.

1. _____

   Ana y Marta son mis amigas de la universidad.

2. _____

   Voy a ir al cine con Ana y Marta.

3. _____

   Voy a la biblioteca porque tengo un examen mañana.

4. _____

   Mi residencia está al lado del centro estudiantil.

5. _____

   Tengo cuatro clases este semestre.

En la vida real
Context for activities 2-47 to 2-52

A group of prospective students is coming to visit your university and you will be their tour guide. You will have to answer questions not only about the university campus and the classes, but also about the city where the university is located and the possible activities students can do after class.

2-47 ▶ La visita. You are explaining to the visitors how the visit will be organized and what you will do. Put the following statements in chronological order.

1. Vamos a ver dónde están la biblioteca, el centro estudiantil y la cafetería. _____

2. En el centro de la ciudad, vamos a ver dónde hay muchos cafés, tiendas, restaurantes y clubes nocturnos. _____

3. Primero (*First*), vamos a hacer un tour del campus de la universidad. _____

4. Finalmente, vamos a tener tiempo para contestar sus preguntas. _____

5. Después de visitar la universidad, vamos a pasear por la ciudad. _____

6. Después de comer en la cafetería, vamos a ver los salones de clase de la Facultad de Ciencias. _____

2-48 ▶ Los días de clase. The students have a lot of questions related to the class schedules and the various possibilities the university offers. Answer the following questions in complete sentences.

1. ¿De qué hora a qué hora hay clases?

_____

2. ¿Hay clases todos los días de la semana?

_____

3. ¿Hay clases los fines de semana?

_____

4. ¿Con qué frecuencia hay clases de español?

_____

5. ¿Cómo son las clases? ¿Son difíciles?

_____

2-49 ▶ El campus universitario y sus alrededores. During your tour, you are explaining where the following buildings of the university and its surroundings are located. Complete the sentences with the correct words or phrases from the list.

| entre | a la izquierda de | enfrente de | lejos de | a la derecha del |

1. El teatro está _____ estadio.

2. La biblioteca Fuentes está _____ la librería.

3. La Facultad de Medicina está _____ la biblioteca.

4. El museo Rivera está _____ el Observatorio Galileo y la Facultad de Arte.

5. El gimnasio está _____ la librería.

2-50 ▶ Preguntas. The following are a few questions that some of the new students ask. Fill in the missing question words based on the answers provided.

1. — ¿ _____ está el gimnasio?

— Está al lado de la biblioteca.

2. — ¿ _____ clases tienen los estudiantes cada (*each*) semestre?

— Generalmente los estudiantes tienen cuatro o cinco clases cada semestre.

3. —¿ _____ estudias en esta universidad?

— Porque me gustan los profesores.

4. —¿ _____ te gusta más de la universidad?

— Me gusta más el horario flexible de las clases.

5. —¿ _____ es tu profesor favorito?

— Mi profesor favorito es el profesor de historia.

6. —¿ _____ es tu clase favorita?

— Mi clase favorita es la clase de ciencias.

2-51 ▶ Ahora tú. Listen to the following six questions, and give your answers orally. Remember to use complete sentences.

1. . . .   3. . . .   5. . . .

2. . . .   4. . . .   6. . . .

2-52 ▶ Actividades fuera de clase. Your group of visitors also wants to know what kind of activities the students at your university do after class. Look at the drawings and complete the sentences with the verb phrases from the word bank. Remember to conjugate the verbs correctly.

tomar café	estudiar en la biblioteca	nadar en la piscina	mirar la televisión
escuchar música	comprar libros	*bailar en los clubes nocturnos*	

Modelo:

En la universidad, muchos estudiantes *bailan en los clubes nocturnos.*

1. Cada mañana, yo

_____.

2. En la universidad, muchos estudiantes

_____.

3. Mis amigos casi nunca

_____.

5. Mi compañero de cuarto siempre

_____.

4. Con frecuencia, mis amigos y yo

_____.

6. A veces mis amigos y yo

_____.

Lectores de hoy

2-53 ▶ **¿Qué significa?** Read the text about Spanish students and guess the meaning of the words below it using the context. Match each word with its English equivalent.

Los estudiantes españoles

En España, la vida (*life*) estudiantil es un poco diferente de la vida estudiantil en Estados Unidos. Los estudiantes no viven en el campus universitario como los estudiantes norteamericanos. Generalmente, viven en casa de sus padres o alquilan un cuarto en una residencia estudiantil o en un apartamento.

Van a clase en moto o en transporte público. Por lo general, no tienen coche (*car*). Durante la semana, van a clase todos los días. No tienen clases los fines de semana. Por la tarde, van a tomar café con sus amigos o estudian en la biblioteca. Otros van al gimnasio a hacer deporte. Normalmente, los deportes están separados de la universidad. No es como en Estados Unidos donde la universidad tiene sus propios (*their own*) equipos.

Por la noche, los estudiantes españoles salen de fiesta. Van a tomar algo en los bares cerca de la universidad. Después, salen a bailar. A veces no regresan a casa hasta muy tarde (*late*). Los fines de semana, algunos (*some*) van de compras, y otros van al cine o a un concierto. Siempre están muy ocupados.

1. viven _____   a. *parents*

2. alquilan _____   b. *team*

3. padres _____   c. (*they*) *rent*

4. equipo _____   d. (*they*) *go out partying*

5. salen de fiesta _____   e. (*they*) *live*

2-54 ► ¿Cierto o Falso? Based on the reading in **2-53,** indicate whether the following statements about students and universities in Spain are **cierto** or **falso.** Select **No se menciona** if it is not mentioned.

1. Los estudiantes españoles viven en el campus de la universidad. Cierto   Falso   No se menciona.

2. Todos los estudiantes españoles tienen una moto. Cierto   Falso   No se menciona.

3. Van en moto o en transporte público a la universidad. Cierto   Falso   No se menciona.

4. Van a clase tres veces a la semana. Cierto   Falso   No se menciona.

5. Tienen clase los sábados. Cierto   Falso   No se menciona.

6. Normalmente, las universidades españolas no tienen sus propios equipos de deporte. Cierto   Falso   No se menciona.

7. Los estudiantes españoles nunca salen de fiesta. Cierto   Falso   No se menciona.

8. Los estudiantes españoles están aburridos. Cierto   Falso   No se menciona.

2-55 ► ¿Tienes preguntas? Some Spanish students are coming to visit your university. You will have a chance to ask them a few questions about their student life. Write five questions that you would ask them.

1. _____

2. _____

3. _____

4. _____

5. _____

Voces de la calle

2-56 ► Unas preguntas generales. Watch the video as many times as necessary, and match each question with the best answer.

1. ¿Cuántas personas hablan en el video? _____   a. Tiene veinticinco años.

2. ¿De dónde es Jane Delgado? _____   b. Es una escuela y un centro de teatro.

3. ¿Qué es el Abrons Arts Center? _____   c. Los 30 años del centro.

4. ¿Qué va a celebrar el Abrons Arts Center? _____   d. Es de Nueva York.

5. ¿Cuántos años tiene (*How old is*) el Teatro Pregones? _____   e. Dos personas hablan.

2-57 ▶ ¿Cierto o Falso? Read the following statements about the Abrons Arts Center and the Teatro Pregones and decide whether they are **Cierto** or **Falso.**

1. El Abrons Arts Center se dedica a las artes.   Cierto   Falso

2. Los alumnos tienen entre 2 y 87 años.   Cierto   Falso

3. Los alumnos son todos del vecindario (*neighborhood*).   Cierto   Falso

4. El teatro Pregones presenta solamente obras (*plays*)
   puertorriqueñas.   Cierto   Falso

5. El teatro Pregones presenta teatro contemporáneo.   Cierto   Falso

Escritores en acción

2-58 ▶ El periódico de la universidad. Your university newspaper has asked you to write an introductory article for prospective students in Spanish. Think about what you would have liked to have known before your first semester and what you think you should tell new students who will study at your university. Use the brainstorming strategy to think first about what you will say. Topics that you might want to include in your article are the location of the university, the students, the classes and class schedules, the professors, and activities to do on and off campus.

_____

_____

_____

_____

_____

_____

_____

_____

_____

_____

3 En familia

Tema 1: ¿Cómo es tu familia?

Vocabulario: Los familiares

3-1 ▶ La familia de Laura. Help Laura label her family tree by writing the correct name for each relationship. Be sure to add the word for *my* in front of each name.

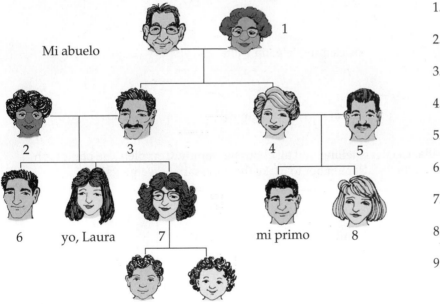

Mi abuelo

2

yo, Laura

mi sobrino

mi primo

1. _____
2. _____
3. _____
4. _____
5. _____
6. _____
7. _____
8. _____
9. _____

3-2 ▶ La familia. You are explaining family relationships to a young child. Complete each sentence with the correct word from the list.

tía	abuelo	primo	nieto	sobrino	madre

1. El hijo de mi tía es mi _____.

2. La hermana de mi padre es mi _____.

3. El hijo de mi hermano es mi _____.

4. El padre de mi tío es mi _____.

5. La esposa de mi padre es mi _____.

6. Yo soy el _____ de mi abuelo.

3-3 ▶ La familia de Juan. Listen to the following description of Juan's family. Then select the answer that completes each statement.

1. Juan . . .

   a. es el menor de la familia.   b. vive en Colombia.   c. tiene dieciocho años.

2. Pedro es . . .

   a. el hermano menor de Juan.   b. el hermano mayor de Juan.   c. el primo de Juan.

3. Pedro está . . .

   a. casado.   b. divorciado.   c. soltero.

4. El segundo hermano de Juan ...

   a. se llama Sergio.   b. tiene diecisiete años.   c. practica fútbol.

5. Paula . . .

   a. vive en Madrid.   b. es muy delgada y alta.   c. estudia inglés.

6. Las mascotas de Juan son ...

   a. dos perros y un gato.   b. un perro y dos gatos.   c. dos perros.

3-4 ▶ Cecilia habla de su familia. Cecilia is telling you all about her family. Complete the paragraph below with the correct words from the list. Remember to make the necessary agreements.

menor	soltero	simpático	joven
casado	familia	mascota	sólo

Tengo una (1) _____ grande. En mi casa somos cinco, mis padres, mi hermano mayor,

mi hermano (2) _____ y yo. Mi hermano mayor tiene veinticuatro años. No está

(3) _____ y no tiene hijos. Yo también soy (4) _____. Mi hermano

menor es muy (5) _____. Sólo tiene cuatro años. Mis padres son muy

(6) _____ y (7) _____ tienen 50 años. Además de (*besides*) mis

hermanos y mis padres, también tenemos dos (8) _____: un perro y un gato.

¡Me gusta mucho mi familia!

Gramática 1: *Saying whose it is: The possessive adjectives*
(TEXTBOOK P. 70)

3-5 ▶ ¡A completar! Complete the following sentences with the correct possessive adjectives from the list.

su	nuestro	mis	sus	nuestra	mi

1. Mi hermana tiene tres buenos amigos, Elena, José y Pedro. _____ amiga Elena es muy simpática.

   Siempre que viene a casa tiene un regalo para mí. Sin embargo (*However*), _____ amigos José y

   Pedro no vienen nunca.

2. Me llamo Ana y vivo en Carolina del Norte. _____ padres viven en California y _____

   hermano vive en Nueva York.

3. Somos Juan y Pablo. Somos hermanos. Tenemos dos primos. _____ primo Sergio tiene veinte años

   y estudia química. _____ prima Julia tiene dieciocho años y vive en Francia.

3-6 ▶ ¿De quién es? Ana is talking about her belongings and those of her sister. Listen to what she says, then select the correct ending for the following sentences.

1. El cuarto más bonito es. . .   de Ana.   de su hermana.   de las dos.

2. La computadora es. . .   de Ana.   de su hermana.   de las dos.

3. El perro es. . .   de Ana.   de su hermana.   de las dos.

4. Sergio es el primo. . .   de Ana.   de su hermana.   de las dos.

5. Enrique es el novio. . .   de Ana.   de su hermana.   de las dos.

6. Las plantas son. . .   de Ana.   de su hermana.   de las dos.

Gramática 2: *Describing relationships: The verbs **tener** and **venir***
(TEXTBOOK P. 72)

3-7 ▶ ¿Qué tienes hoy? Felipe and Enrique meet on campus in the morning. Complete their conversation with the correct forms of the verb **tener**.

ENRIQUE: Hola, Felipe. ¿Cómo estás?

FELIPE: Muy bien. Y tú, ¿cómo estás, Enrique?

ENRIQUE: Muy bien. ¿(1) _____ clase de español hoy?

FELIPE: No, no (2) _____ clase de español pero sí (3) _____ clase de
informática a las 11:00. ¿Y tú?

ENRIQUE: Yo (4) _____ clase de español a las 10:00 y después voy a comer con unos amigos.

Nosotros (5) _____ que preparar la fiesta de cumpleaños de Ana. ¿Vas a venir?

FELIPE: No es posible, ese (*that*) día yo (6) _____ una fiesta con mi familia. Es el cumpleaños de mi abuela.

ENRIQUE: ¡Qué bien! Y tu familia y tú ¿(7) _____ un regalo para ella?

FELIPE: No, no (8) _____ nada (*nothing*) pero vamos a comprar algo este fin de semana.

3-8 ▶ ¡A escuchar! Answer each question you hear about Elisa's family with the information provided.

Modelo: ¿Cómo se llaman los padres de Elisa?
Juan y Gabriela
Los padres de Elisa se llaman Juan y Gabriela.

1. un gato y un perro

   _____

2. todos los domingos

   _____

3. el sábado

   _____

4. el viernes por la noche

   _____

5. muchos libros

   _____

3-9 ▶ Tu familia. A new friend wants to get to know you better and asks you the following questions. Listen and answer them in complete sentences in Spanish.

Modelo: ¿De dónde es tu familia?
Mi familia es de California.

1. _____

2. _____

3. _____

4. _____

5. _____

3-10 ▶ Este fin de semana. What do the following people have to do this weekend? Write logical sentences in Spanish, following the model.

Modelo: Emilio tiene un examen de química el lunes.
          Emilio tiene que estudiar mucho.

1. Mi madre necesita preparar la cena, pero no hay comida en la casa.

    _____

2. Ana va a la oficina este fin de semana.

    _____

3. Nuestra casa está muy sucia (*dirty*).

    _____

4. Estoy muy cansada.

    _____

5. Tienes examen de piano mañana.

    _____

3-11 ▶ ¿Una familia grande o pequeña? How big is your family? Describe your extended family orally, and give one additional piece of information about three members of your choice.

Modelo: *Mi familia es muy grande. Tengo dos hermanos, cuatro tíos y ocho primos. Mi primo Juan es muy inteligente . . .*

Tema 2: ¿Cómo pasas el día?

Vocabulario: Un día típico

3-12 ▶ La semana de Iván. Iván is describing his week. Complete his description with the most appropriate words from the list.

correr	sueño	ensayo	asisto	leo
correos electrónicos	comprendo			

Me gusta mucho estudiar en la universidad. Primero, por la mañana, casi siempre escribo unos

(1) _____ porque tengo muchos amigos y familiares que viven en

otras ciudades. Luego, (2) _____ a mis clases hasta el mediodía. Al mediodía, como con

mi novia, Julia. Ella estudia en la misma universidad y es muy buena estudiante. Por la tarde, voy a la

biblioteca para escribir mi (3) _____ para la clase de inglés (todas las semanas tenemos que

escribir uno). En la biblioteca, también (4) _____ los libros para mi clase de literatura española. A veces, no (5) _____ todos los poemas que tenemos que leer para las clases,

porque son un poco difíciles. Después de la biblioteca, voy a (6) _____ por el parque con

mi mejor amigo, Francisco. Estoy muy ocupado todo el día, y por la noche, siempre tengo mucho

(7) _____.

🔊 3-13 ▶ **Actividades diarias.** Answer each of the questions you hear with a complete sentence in Spanish.

1. _____

2. _____

3. _____

4. _____

5. _____

Gramática 1: *Describing your daily activities: Regular -er and -ir verbs* (Textbook p. 76)

3-14 ▶ **Los amigos de Pablo.** In the following conversation, Pablo is talking about his interactions with his roommate Julio. Fill in each blank with the logical verb from the list.

abre	asistimos	comemos	compartimos	corre	deben	leer	recibo

ANA: Julio y tú (1) _____ ser muy buenos amigos. Siempre están juntos en la cafetería.

PABLO: Sí, Julio y yo (2) _____ cuarto en la residencia universitaria.

ANA: ¿Pasan todo el día juntos?

PABLO: No, sólo las tardes. Cada mañana, Julio (3) _____ por el parque. El parque

(4) _____ a las siete. No voy al parque con él porque prefiero

(5) _____ los correos electrónicos que (6) _____ de mis

amigos. Al mediodía, Julio y yo (7) _____ en la cafetería, y después de comer,

nosotros (8) _____ a clases juntos toda la tarde.

3-15 ▶ ¿Qué hacen? These are several of Iván's family members. Make five correct sentences using an item from each column. Remember to conjugate the verbs correctly.

Mis hermanas Juana y Julia	aprender	a clase todos los días
Yo	*beber*	estudiar para el examen de mañana
Mis padres	asistir	el inglés
Tú	no comprender	la lección de español
Nosotros	deber	*vino por la noche*
Mi prima Ana	compartir	su cuarto en la universidad

Modelo: *Nosotros bebemos vino por la noche.*

1. _____

2. _____

3. _____

4. _____

5. _____

3-16 ▶ Los días de clase. Complete the following paragraph about Marco's daily routine with the appropriate verbs from the list. Remember to conjugate each verb to agree with its subject.

asistir   escribir   leer   correr   comer   aprender   deber

Por la mañana, yo (1) _____ a mis clases y (2) _____ la gramática para

mi clase de francés. Mis amigos y yo (3) _____ al mediodía en la cafetería. Después, ellos

(4) _____ ir a clase de historia y yo voy a la biblioteca con Ana. En la biblioteca, yo

(5) _____ los libros para la clase de literatura y Ana (6) _____

sus correos electrónicos en una de las computadoras de la biblioteca. Por la noche, Juan y yo

(7) _____ por el parque.

3-17 ▶ ¿Con qué frecuencia? One of your classmates is asking you how often you do certain activities. Answer the questions you hear, using **(casi) siempre, a veces,** or **(casi) nunca.**

1. _____

2. _____

3. _____

4. _____

5. _____

Nombre: _____   Fecha: _____

3-18 ▶ Las actividades diarias de los estudiantes. Discuss orally the typical daily activities of the students at your college / university. Mention some activities that students do in the morning, afternoon, and evening, and use at least five **-er** or **-ir** verbs.

Gramática 2: *Describing people: Idiomatic expressions with* **tener** (TEXTBOOK P. 78)

3-19 ▶ Expresiones con *tener*. Look at the drawings and unscramble the following words to express how these people are feeling.

Modelo: ñeosu   Tiene *sueño*.

JOAQUIN

1.

JULIA

arpsi: Tiene _____.

2.

LAURA

bahmer: Tiene _____.

3.

JUAN

rolac: Tiene _____.

4.

ANA

edomi: Tiene _____.

5.

CRISTINA

rífo: Tiene _____.

62 **Hoy día** Student Activities Manual

© 2011 Pearson Education, Inc.

Nombre: _____ Fecha: _____

3-20 ▶ ¿Lógico o ilógico? Indicate whether the following statements are logical (**lógico**) or illogical (**ilógico**).

1. Después de una hora de tenis, tengo sed.   lógico   ilógico

2. En el verano (*summer*), tengo calor.   lógico   ilógico

3. Con una película de terror, tengo miedo.   lógico   ilógico

4. Como mucho porque nunca tengo hambre.   lógico   ilógico

5. A las dos de la mañana, tengo sueño.   lógico   ilógico

6. Con 100 grados Fahrenheit, tengo frío.   lógico   ilógico

3-21 ▶ Asociaciones. Give the logical follow-up statement to each sentence with the expressions from the list. Be sure to use the correct form of **tener**.

nunca tener miedo	tener hambre	tener sed	*tener prisa*
tener razón	tener noventa años	tener sueño	

Modelo: Tengo que correr. *Tengo prisa.*

1. Tengo ganas de tomar algo. _____

2. Mis hijos tienen ganas de ir a la cama. _____

3. Ustedes tienen ganas de comer. _____

4. Mi abuelo es viejo. _____

5. Mis padres son valientes. _____

6. Tengo la respuesta correcta. _____

3-22 ▶ El crucigrama de las actividades diarias. Complete the crossword puzzle with the missing words in the sentences below using vocabulary from *Tema 2* of the textbook chapter.

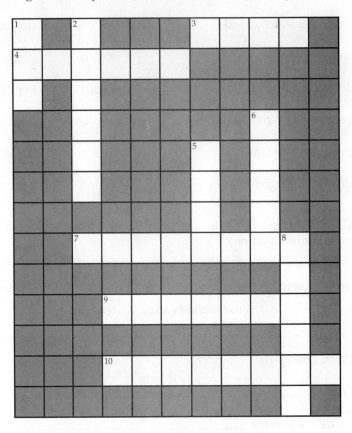

Horizontal

3. Tengo que _____ tres libros para la clase de literatura.

4. Para la clase de historia, tengo que escribir un _____ de tres páginas.

7. Me gusta leer _____ de moda *(fashion)*. Las fotos son siempre muy bonitas.

9. La profesora _____ en la pizarra.

10. _____ mi apartamento con dos compañeros de cuarto.

Vertical

1. Mi comida está salada *(salty)* y ahora tengo mucha _____.

2. Yo _____ a clase los lunes, miércoles y viernes.

5. Tengo dieciocho _____.

6. Voy a llegar tarde. ¡Tengo mucha _____!

8. Mi hermana siempre gana *(wins)* la lotería. Ella tiene mucha _____.

3-23 ▶ Diario. Write a paragraph describing your activities during the week. Write about your own daily routine in the morning, afternoon, and evening using the verbs presented in *Capítulo 3* of your textbook.

_____

_____

_____

_____

_____

_____

_____

_____

Tema 3: ¿Qué haces los sábados?

Vocabulario: Más pasatiempos

3-24 ▶ ¿Dónde haces las siguientes actividades? Match each activity with the place where it could logically be done.

1. Hago ejercicio _____.   a. a la playa

2. Salgo a bailar _____.   b. en el cine

3. Veo una película _____.   c. en el estadio

4. Veo un partido de fútbol _____.   d. en el gimnasio

5. Hago un viaje _____.   e. a un club nocturno

3-25 ▶ ¿Qué hacemos el sábado? Marta and Antonio do not agree on what they want to do next weekend. Listen to their conversation and indicate whether each activity is something Marta suggests, Antonio suggests, or neither one (**ninguno**) mentions.

1. hacer ejercicio	Marta	Antonio	ninguno
2. salir de fiesta	Marta	Antonio	ninguno
3. leer revistas	Marta	Antonio	ninguno
4. escuchar música	Marta	Antonio	ninguno
5. ver la tele	Marta	Antonio	ninguno
6. hacer un viaje a la playa	Marta	Antonio	ninguno

3-26 ► ¿Y tú? What do you do on the weekend after a busy week? Mention two or three activities that you do at the following times, using at least one of the verbs from the textbook for each. You may also say what you never do.

El viernes por la noche,

_____

_____

El sábado,

_____

_____

El domingo,

_____

_____

3-27 ► ¿Cómo pasa la semana? As you listen to the following description of Raúl's week, select all of the activities that he mentions doing.

ir a clase	hacer ejercicio	ir a un concierto
estudiar en la biblioteca	pasear por la montaña	asistir a un evento deportivo
ir a la playa	ir a un museo	ver la televisión
comer en la cafetería	salir de fiesta	

Gramática 1: *Talking about your activities: The **verbs hacer, salir, poner, traer, ver, and oír,** and the personal **a*** (TEXTBOOK P. 82)

3-28 ► Actividades diversas. Gerardo is describing the different hobbies and habits of his family members. Complete the following sentences with the most appropriate verbs from the list. Be sure to conjugate the verbs correctly.

traer	hacer	ver	poner	salir	oír

Modelo: Cada noche mi padre *trae* mucho trabajo a casa.

1. A mis padres no les gusta cocinar; por eso (nosotros) _____ a un restaurante con frecuencia.

2. Después de la cena, yo _____ mi tarea y estudio para mis clases.

3. Con frecuencia, mi hermana _____ a su novio a la casa por la noche.

4. A veces, ellos _____ el estéreo a todo volumen para bailar.

5. No aprendo nada si _____ música u otros ruidos mientras (*while*) estudio.

6. Generalmente mi madre _____ la tele después de la cena.

3-29 ▶ Los fines de semana de Jesús. Complete the following paragraph in which Jesús describes what he usually does on weekends. Select from the verbs in the list below and conjugate each one correctly.

escribir	vender	poner	hacer	salir	ver

Los fines de semana estoy siempre muy ocupado. El viernes por la noche, (1) _____ con

mis amigos a un bar cerca de la universidad y a veces bailamos hasta muy tarde. El sábado por la mañana,

trabajo en una librería donde yo (2) _____ libros y revistas. Trabajo hasta las doce, y

después voy a comer con mis hermanos y mis padres. Por la tarde, yo (3) _____ música

mientras (*while*) (4) _____ mi tarea y (5) _____ correos electrónicos.

Por la noche, (6) _____ la televisión con mis amigos.

3-30 ▶ Unas preguntas. Answer the questions that you hear about your hobbies and habits.

1. _____

2. _____

3. _____

4. _____

5. _____

3-31 ▶ ¿Qué hacen este fin de semana? Ana is describing what she and her family are doing this weekend. Decide whether you need the personal **a**. Select "X" if it is not required, and "a" if it is required.

1. Veo _____ mis amigos todos los fines de semana. Vamos a la piscina
   los sábados.   X   a

2. Mi hermano Juan invita _____ sus amigos al restaurante para su
   cumpleaños.   X   a

3. Mi hermana Elena compra _____ un regalo para nuestro hermano.   X   a

4. Tengo _____ dos hermanos. Hacemos ejercicios juntos los sábados.   X   a

5. Mi madre quiere comprar _____ un lector de DVD.   X   a

Gramática 2: *Talking about what you do with friends and family: Pronouns used after prepositions* (TEXTBOOK P. 84)

🔊 **3-32 ▶ Pronombres.** Answer the questions you hear in complete sentences, using a prepositional pronoun.

Modelo: ¿Estudias con tus amigos?
Sí, estudio con ellos. o
No, no estudio con ellos.

1. _____

2. _____

3. _____

4. _____

5. _____

3-33 ▶ Unas vacaciones en familia. Juan is describing the holidays he spends with his family. Complete his description with the correct prepositional pronouns.

Mi familia siempre hace un viaje en agosto. Es necesario para mis padres, porque trabajan

mucho durante el año. A mí me gusta mucho viajar con (1) _____. También tengo un

hermano y una hermana. Mi hermano es muy joven y muy cómico. Sin (2) _____, las

vacaciones no son iguales. Mi hermana es mayor. Ella hace mucho deporte. Me gusta hacer ejercicio con

(3) _____. Vamos al gimnasio por la mañana y nadamos en la piscina por la tarde. Mis

padres, por su parte, hacen excursiones turísticas. Para (4) _____, la cultura es muy

importante. Me gusta visitar museos con (5) _____ porque siempre hay exposiciones

fascinantes. Mi madre y mi hermana pasan mucho tiempo en las tiendas también, pero mi padre no va

con (6) _____ porque no le gusta ir de compras. ¡Me gustan mucho las vacaciones con

mi familia!

3-34 ▶ Tu propio fin de semana. Describe your own weekends orally by using the vocabulary that you learned in this chapter. Use some of the new verbs like **hacer, salir, ver, tener,** and **venir.** You can talk about the hobbies you like to do on the weekends, the people you like to see, with whom you usually eat, and what you like to do at night.

Modelo: *Los fines de semana, hago muchas cosas . . .*

Tema 4: ¿Cómo es?

Vocabulario: El aspecto físico y el carácter

3-35 ► Las descripciones. Locate and select the fourteen words related to the chapter vocabulary of physical traits and character for which the English equivalents are given. The words may be located horizontally, vertically, diagonally, or backwards.

A	N	O	D	N	A	M	U	T
B	O	S	O	R	E	N	E	G
R	O	J	I	S	N	L	O	O
A	F	Ñ	A	X	B	S	I	B
B	A	F	A	I	O	L	R	I
G	A	E	X	T	B	G	E	G
G	R	E	S	L	S	U	S	O
O	L	I	U	Q	N	A	R	T
F	H	Z	S	B	Z	P	C	E
C	A	N	O	S	O	O	O	G

good-looking   gray (hair)

blonde (f.)   glasses

mustache   beard

brown (hair)   blue

flexible   bossy (f.)

serious   calm

funny   generous

3-36 ► En el café. Ana and her friend Diego are having coffee together in **La Casa del Café**. Look at the drawing and match the name of each person with the correct description.

1. Ana _____   a. es alto y tiene el pelo rubio.

2. Arturo _____   b. es mayor y tiene gafas.

3. Ignacio _____   c. es bajo.

4. Cristián _____   d. no tiene pelo, pero tiene barba.

5. Pilar _____   e. es chistoso y tiene el pelo corto.

6. Enrique _____   f. tiene el pelo largo y lee el menú.

3-37 Gente que lleva la contraria. Some people seem to enjoy saying the opposite of what you say, just to be argumentative. How would they respond to each of the following statements? Complete the sentences with the correct adjectives from the list. Remember to make the necessary agreements.

liberal	reservado	egoísta	
rubio	relajado	azul	*serio*

Modelo: Mi amiga es chistosa.
          No, es *seria*.

1. Juan es sociable.

   No, es _____.

2. Mis padres son estrictos.

   No, son _____.

3. Tus amigas son conservadoras.

   No, son _____.

4. Jimena es morena.

   No, es _____.

5. Yo soy generosa.

   No, eres _____.

6. Tienes los ojos marrones.

   No, tengo los ojos _____.

🔊 **3-38 ▶ Tus familiares.** What do the members of your family look like? What are their personalities like? Answer the questions you hear about them in complete sentences.

1. _____

2. _____

3. _____

4. _____

5. _____

3-39 ▶ Dos miembros de tu familia. Describe two members of your family orally. Be sure to mention who they are, what their names are, what they do or like to do, and what they look like.

3-40 ▶ Diario. Write a paragraph describing yourself and two of your classmates. What do you / they look like? What are your / their personalities like?

_____

_____

_____

_____

_____

_____

_____

_____

Resumen de gramática (Textbook p. 88)

3-41 ▶ La familia y las posesiones. Complete the sentences logically with the correct forms of the possessive adjective.

Modelo: Vivo con *mis* padres, *mi* hermana y sus dos hijos.

1. Nosotros tenemos una familia grande, y _____ primos vienen a

    _____ casa con frecuencia.

2. Todos _____ primos viven cerca y paso mucho tiempo con ellos, menos

    _____ primo Manuel. Él vive en Francia.

3. Mi madre tiene cinco hermanos. _____ padres viven con _____
    hermana, mi tía Mónica.

4. Mis sobrinos tienen seis y ocho años. Veo a _____ maestros todos los días porque

    _____ escuela está enfrente de la casa.

5. Y tú, ¿pasas mucho tiempo con _____ familia? ¿Tienes una buena relación con

    _____ padres?

3-42 ▶ ¿Sabes conjugar los verbos en -er / -ir? Ernesto is explaining what he does when he spends the weekend at home. Form correct sentences with the elements given, and add any missing words. Be sure to use the **yo** form of the verb.

Modelo: ver / televisión / noche.
          Veo la televisión por la noche.

1. hacer / tarea / mi cuarto

   _____.

2. poner / música / bailar

   _____.

3. ver / mis amigos / sábados

   _____.

4. traer / mis amigos / mi casa / fines de semana

   _____.

5. leer / revistas

   _____.

3-43 ▶ El fin de semana. Ernesto and his friends are talking about what they do on the weekends. Complete each sentence with the correct verb from the list and be sure to use each verb only once.

tener	traer	poner	hacer
venir	ver	salir	

1. Yo _____ la tarea antes de salir con mis amigos.

2. Mi hermano Julián _____ la tele por la noche.

3. Mis amigos Pablo y Daniel _____ comida cuando vienen a mi casa.

4. Mi primo David y yo _____ música en el coche cuando _____ los sábados por la noche.

5. Mi amiga Julieta siempre _____ a todas mis fiestas.

6. Yo nunca _____ prisa los fines de semana. Me gusta descansar.

3-44 ▶ Fiesta de cumpleaños. You are at a birthday party for your niece and you hear the following statements. Select the correct prepositional pronoun to complete each sentence.

1. Hay mucha comida para _____, si tienen hambre.
   a. tú   b. yo   c. ustedes

2. Los niños quieren hacer la piñata. Vamos afuera con _____.
   a. ellos   b. nosotros   c. tí

3. La piñata está detrás de _____.
   a. ti   b. tú   c. yo

4. Vamos a poner los regalos enfrente de _____.
   a. ella   b. tú   c. yo

5. ¿Son todos estos regalos para _____?
   a. yo   b. mí   c. tú

6. Gracias a _____ por venir a la fiesta.
   a. tú   b. yo   c. ustedes

En la vida real
Context for activities 3-45 to 3-49

Your university partners with an elementary school in an area with a large Hispanic population. The week before classes begin, you visit the school every day for a few hours to help some of the students get used to their new environment.

3-45 ▶ El árbol genealógico. In order to get to know the children better, you ask them to draw their family trees. Listen to the description of Sofía's family and write the name of each family member in the tree below.

José   Jorge   Jaime   Lola   Inés   Olga
Elenita   Pablo   María   Jorgito   Ana   Elena

1. _____   7. _____
2. _____   8. _____
3. _____   9. _____
4. _____   10. _____
5. _____   11. _____
6. _____   12. _____

3-46 ▶ Reunión con los padres. One of your responsibilities is to get as much information as you can about the families and their activities in order to understand possible future issues with the students. Complete the following description that two parents give about their families with the words from the lists.

familia	generoso	
bajos	reservada	chistosos

A. Hola. Yo soy Cristina Pérez, la madre de Anaya. Somos una (1) _____ grande.

Tenemos cuatro hijos. El mayor, Enrique, tiene diez años. Después, tenemos gemelos (*twins*),

Pablo y Diego, que tienen ocho años, y Anaya tiene seis años. Nuestros hijos son todos

muy (2) _____ y delgados. Enrique es muy (3) _____;

comparte todo con sus hermanitos. Anaya es un poco más (4) _____ y no habla

mucho. Los gemelos son muy (5) _____. Siempre hacen bromas (*jokes*).

Durante la semana, mi esposo y yo trabajamos mucho. Los fines de semana, hacemos actividades

familiares.

divorciada	amistoso	
temperamental	mayor	castaño

B. Hola, mi nombre es Ana Camacho. Soy la madre de Francisco y soy soltera. Estoy

(1) _____. Tengo dos hijos: Francisco y su hermana

(2) _____, Gabriela. Gabriela tiene dos años más que Francisco y estudia en esta

escuela. Es baja y morena, y tiene el pelo (3) _____. Francisco es un niño muy

bueno y (4) _____. Siempre tiene muchos amigos en el barrio (*neighborhood*) y en

la escuela. Su hermana es un poco más difícil. Ella es un poco (5) _____ y a

veces tiene problemas en la escuela con los maestros (*teachers*). Durante la semana, tengo que trabajar

mucho. Soy peluquera (*hairdresser*) y llego tarde a casa.

3-47 ▶ Preguntas y respuestas. During parent-teacher conferences, you have a few questions for the parents. Match each question with the logical answer.

1. ¿Cuántos son en la familia?_____

2. ¿Cuántos hijos tienen? _____

3. ¿Viven en una casa grande? _____

4. ¿Trabajan los fines de semana? _____

5. ¿Qué hacen con sus hijos los fines de semana? _____

6. ¿Ayudan (*do you help*) a sus hijos con sus tareas? _____

a. No, vivimos en una casa muy pequeña.

b. Tenemos dos niñas y un niño.

c. Mi esposo trabaja los sábados.

d. Vamos al parque.

e. Somos cuatro.

f. No, no tenemos tiempo para ayudar a nuestros hijos.

3-48 ▶ Unas preguntas. The following are a few questions that you ask the children. Complete the exchanges with the correct possessive adjectives.

1. —¿De dónde son _____ padres?

    —Mis padres son mexicanos.

2. —¿Cómo se llama tu hermano?

    —_____ hermano se llama Paco.

3. —¿Cómo es la casa de ustedes?

    —_____ casa es pequeña.

4. —¿Cómo se llama tu madre?

    —_____ madre se llama Ingrid.

5. —¿Dónde viven los padres de tus padres?

    —_____ padres viven en México.

3-49 ▶ ¿Y tú? Write five questions you would ask the children in order to get to know them better. Use vocabulary you learned in this chapter to ask about family members and the things they do together.

1. _____

2. _____

3. _____

4. _____

5. _____

Lectores de hoy

3-50 ▶ Servicios latinos. Read the following ads and match them with the picture that reflects what they represent.

a.
> **Xochimilco – Panadería mexicana**
>
> panes, bizcochos, galletas . . . todo como en México a un buen precio.
>
> A cinco minutos del centro de la ciudad.
>
> SE HABLA ESPAÑOL

b.
> **MariCarmen – Peluquería latina**
>
> cortes, mechas, colores, para hombres y mujeres, adultos y niños.
>
> Al lado del supermercado en la Calle Wilson
>
> SE HABLA ESPAÑOL

1. _____   2. _____

3-51 ▶ ¿Cierto o Falso? Read the following statements about the two ads in activity 3-50 and decide whether they are **cierto** or **falso**. If the statement isn't mentioned, select **No se menciona**.

1. La panadería Xochimilco está cerca del centro de la ciudad.   Cierto   Falso   No se menciona.

2. La panadería Xochimilco vende pasteles de cumpleaños (*birthday cakes*). Cierto   Falso   No se menciona.

3. En la peluquería MariCarmen se habla francés también.   Cierto   Falso   No se menciona.

4. La peluquería MariCarmen sólo es para mujeres.   Cierto   Falso   No se menciona.

3-52 ▶ Tu propio anuncio. Now that you've seen some examples of ads for Hispanics in the United States, create your own. It might be a bookstore, a supermarket, a clothing store, a restaurant, a night club, or any other place (real or imaginary) in your area. Remember to mention its location and what is sold or what services are offered, and why it is interesting for Hispanic people.

_____

_____

_____

_____

Nombre: _____ Fecha: _____

Voces de la calle

3-53 ▶ Familias diferentes. This video deals with what it is like to grow up in a Hispanic family. Before watching the video, think of two possible differences between Hispanic families and other North American families.

1. _____

_____

2. _____

_____

3-54 ▶ Crecer en una familia hispana. Fill in the missing information about the following people that appear in the video segment.

A. Rafael Escansiani tiene (1) _____ años y nació (*was born*) en

(2) _____. Tiene (3) _____ hijos.

B. Itandehui Allari Chávez Geller es de (4) _____ y vive en

(5) _____. Tiene (6) _____ años y es

(7) _____ en Hunter College.

C. Rosal Colón es de (8) _____ y tiene (9) _____ años.

En su familia el (10) _____ es muy importante.

D. Alejandro nació en (11) _____ y tiene (12) _____

años. Su madre es de (13) _____ y su padre es de

(14) _____.

3-55 ▶ Después de ver. After watching the video, think again about possible differences between Hispanic families and other North American families. Did the people in the video clip mention the same aspects? Give two differences that you heard or saw in the video.

1. _____

_____

2. _____

_____

Escritores en acción

3-56 ▶ Tu mejor amigo y tú. Write a paragraph about your best friend and yourself. Describe your physical appearances, your personalities, and what you generally do during the week and on the weekend. Include as much of the vocabulary from this chapter as you can.

_____

_____

_____

_____

_____

_____

_____

4 En casa

Tema 1: ¿Cómo es tu casa?

Vocabulario: La casa y los muebles

4-1 ▶ ¿Dónde vives? Gustavo and Juan are talking about the places where they live. Fill in the blanks with the missing words from the list.

piscina	afueras	centro	dormitorios
garaje	alquiler	barrio	jardín

GUSTAVO: ¿Cómo es tu casa, Juan? ¿Vives con tus padres?

JUAN: Sí, vivo con ellos. Ellos tienen una casa muy grande en las (1) _____

de la ciudad.

GUSTAVO: ¿Qué tiene la casa por fuera (*on the outside*)?

JUAN: Tiene un (2) _____ muy grande con muchos árboles. También hay una

(3) _____ y cuando hace calor, nado todos los días.

GUSTAVO: Y ¿dónde está la casa?

JUAN: Está situada en un (4) _____ muy agradable y muy tranquilo. Los vecinos

son muy simpáticos.

GUSTAVO: Y por dentro (*on the inside*), ¿cómo es?

JUAN: Por dentro tiene cuatro (5) _____, dos baños, una cocina y un

(6) _____ para el coche. Y tú, Gustavo, ¿cómo es tu casa?

GUSTAVO: Yo vivo en un apartamento en el (7) _____ de la ciudad. No pago mucho de

(8) _____. Es pequeño, pero es muy bonito. Me gusta mucho.

4-2 ► La casa de Diego. Look at the picture of Diego's house and write the word that correctly labels each room or part of the house. Don't forget to include the definite article before each noun, as in the model.

Modelo:
el baño

1. _____   3. _____   5. _____

2. _____   4. _____   6. _____

4-3 ► ¿Cierto o Falso? Juan is describing his house. Look at the drawing and decide whether the statements you hear are true (**Cierto**) or false (**Falso**).

1. Cierto   Falso

2. Cierto   Falso

3. Cierto   Falso

4. Cierto   Falso

5. Cierto   Falso

6. Cierto   Falso

7. Cierto   Falso

8. Cierto   Falso

4-4 ► ¿Y tu casa? What does your house or apartment look like? Answer the questions you hear about the place where you live.

1. _____

2. _____

3. _____

4. _____

5. _____

Gramática 1: *Giving your address and other information: Numbers above 100* (TEXTBOOK P. 102)

4-5 ► Ciudades españolas. Listen to the speaker and match each city with its number of inhabitants.

1. Madrid _____
2. Barcelona _____
3. Valencia _____
4. Sevilla _____
5. Zaragoza _____

a. 805.304 habitantes

b. 3.128.600 habitantes

c. 1.605.602 habitantes

d. 649.181 habitantes

e. 704.414 habitantes

4-6 ► Matemáticas. Are you good at math? Select the correct answer for each equation.

1. $10.000 \div 5 =$
   a. dos mil
   b. dos mil quinientos
   c. mil doscientos
   d. cinco mil doscientos

2. $11 \times 300 =$
   a. once mil trescientos
   b. tres mil tres
   c. tres mil trescientos
   d. treinta y tres mil trescientos treinta y tres

3. $900 \times 4 =$
   a. cuatrocientos doce
   b. treinta y seis mil cuatrocientos
   c. nueve mil cuatro cientos
   d. tres mil seiscientos

4. $250 \times 4 =$
   a. mil cincuenta
   b. mil
   c. mil cinco
   d. dos mil quinientos cuatro

5. $9999 - 3333 =$
   a. seis mil seiscientos sesenta y seis
   b. nueve mil seiscientos sesenta y seis
   c. tres mil trescientos treinta y tres
   d. seis mil seiscientos treinta y tres

4-7 ▶ Números y más números. Write out the missing numbers in the following series.

Modelo: cien, doscientos, trescientos, cuatrocientos, *quinientos*, seiscientos

1. quinientos, mil, mil quinientos, _____, dos mil quinientos

2. cien, _____, ciento veinte, ciento treinta, ciento cuarenta

3. ciento once, doscientos veintidós, _____, cuatrocientos
   cuarenta y cuatro, quinientos cincuenta y cinco

4. un millón, _____, tres millones, cuatro millones

5. ciento veinticinco, doscientos cincuenta, _____, quinientos

4-8 ▶ Mi número de teléfono. Ana has to work on an assignment for Spanish class with several other students. At the end of the class, they exchange telephone numbers. Listen to the complete telephone numbers, and fill in the missing numerals for each.

Modelo: Setecientos cuatro, cuarenta y siete, noventa
         704-4790

1. 233-_____ 43   3. _____ -1242   5. 619-_____ 10

2. 304-_____ 55   4. _____ -9939

4-9 ▶ La agencia inmobiliaria. Juan is planning to rent an apartment close to the university campus. He calls the real estate agency to find out the monthly rents of some apartments in the area. Write out the prices that you hear in words.

Modelo: Mil
         Mil dólares al mes

1. _____ dólares al mes

2. _____ dólares al mes

3. _____ dólares al mes

4. _____ dólares al mes

5. _____ dólares al mes

Gramática 2: *Negating: Indefinite and negative words* (TEXTBOOK P. 104)

4-10 ▶ El apartamento de Laura. Listen to Ana's questions to Laura about her new apartment and her living habits, and match each question with Laura's answer.

1. _____

2. _____

3. _____

4. _____

5. _____

a. No, no vive nadie conmigo. Vivo sola.

b. No, no tengo ninguna todavía (*yet*).

c. No, no tengo ni microondas ni nevera.

d. No, no tengo nada. Tengo que ir al supermercado.

e. No, nunca. Me gusta cocinar por la noche.

4-11 ▶ Conversaciones. Complete the following brief conversations with the correct words from the list.

siempre	también	ni	ni	nada	nadie	alguien

1. —¿Vas a la cafetería los miércoles?

   —_____ voy a la cafetería los miércoles. Los miércoles preparan pasta y me gusta mucho.

2. —¿Qué vas a comer esta noche?

   —No voy a comer _____. No tengo hambre.

3. —¿Estudias ciencias en la universidad?

   —No, no me gustan las ciencias. Yo no estudio _____ química

   _____ física.

4. —¿Hay alguien en la biblioteca el domingo por la noche?

   —No, no hay _____. La biblioteca está cerrada (closed).

5. —Tengo la clase de español a las ocho de la mañana. ¿Y tú?

   —Yo _____. Me gusta tener clases por la mañana.

6. —Hay _____ nuevo en la clase de español hoy. ¿Quién es?

   —Es el hijo de la profesora.

4-12 ▶ Contradicciones. Cristina and Ana share an apartment, but they seem to argue all the time. Write Cristina's opposite reactions to everything that Ana's says, following the **Modelo**.

Modelo: Ana: Yo siempre voy a la biblioteca los sábados.
         Cristina: *Tú nunca vas a la biblioteca los sábados.*

1. ANA: Yo siempre limpio la casa.

CRISTINA: _____

2. ANA: Hay alguna comida podrida (*rotten*) en tu dormitorio.

CRISTINA: _____

3. ANA: Yo siempre preparo la comida al mediodía.

CRISTINA: _____

4. ANA: Yo preparo la cena también.

CRISTINA: _____

5. ANA: Yo nunca invito a nadie a cenar.

CRISTINA: _____

4-13 ► **¿Cómo es tu casa?** A new friend asks about your house or apartment and your room. Describe them to him orally, and be sure to give at least five complete sentences.

Tema 2: ¿Cómo es tu cuarto?

Vocabulario: Los muebles y los colores

4-14 ► **El dormitorio de Eugenia.** Look at the picture below and complete the following sentences with the missing words.

impresora	lámparas	cómoda
espejo	suelo	pintura

1. En el dormitorio de Eugenia, hay dos _____: una enfrente de la ventana y otra al lado del escritorio.

2. El perro está en el _____.

3. A la izquierda de la computadora hay una _____.

4. Encima de (*Above*) la cama hay un _____.

5. Delante de la ventana hay una _____

6. A la derecha de la puerta hay una _____

4-15 ▶ Los colores. What colors do you get by mixing others? In the word search puzzle, locate and select the Spanish names of the eight colors that are logical in the following blanks. Words can be found horizontally, vertically, or backwards.

A	D	R	J	R	O	L	P
N	E	G	R	O	T	E	A
A	A	X	O	J	G	D	Z
R	P	Z	S	O	B	R	U
A	E	N	A	P	S	E	L
N	V	S	D	S	A	V	I
J	S	G	O	I	E	T	U
A	E	L	A	R	T	S	B
D	T	I	E	G	I	E	B
O	A	E	R	F	N	O	I

1. blanco + negro = _____

2. azul + amarillo = _____

3. rojo + blanco = _____

4. café + blanco = _____

5. amarillo + rojo = _____

6. blanco + _____ = gris

7. rojo + _____ = morado

8. amarillo + _____ = anaranjado

4-16 ▶ Una nueva casa. You have just moved into a new home. Complete the following sentences with the logical colors.

1. Hay muchas plantas _____. Son muy bonitas. También hay algunas plantas

   muertas y _____.

2. Hay un patio de cemento _____.

3. La piscina está muy limpia con agua (*water*) _____.

4. El vecino tiene muchos animales. Sus gatos siameses son _____ con los ojos

   _____ y sus perros son dálmatas. Son _____ con manchas

   (*spots*) _____.

5. Buscas el número de teléfono de un carpintero y un plomero en las páginas _____

   para hacer unas reparaciones.

6. Las paredes no tienen ningún color. Todas son _____.

🔊 **4-17 ▶ ¿Cómo es tu cuarto?** What does your room at home look like? Answer the questions you hear in complete sentences.

1. _____

2. _____

3. _____

4. _____

5. _____

Gramática 1: *Describing: Using **ser** and **estar*** (TEXTBOOK P. 108)

4-18 ▶ Los cuartos de Marta y Emilia. Marta and Emilia are talking about their new dorm rooms at the university. Choose the correct verb to express *to be* in each of the following sentences.

MARTA: Hola, Emilia. ¿Cómo (1) [eres / estás]?

EMILIA: (2) [Soy / Estoy] muy bien, ¿y tú?

MARTA: Muy bien, también. Tengo un nuevo cuarto, y es muy bonito.

EMILIA: ¿Ah sí? ¿Cómo (3) [está / es]?

MARTA: (4) [Está / Es] muy grande. En mi cuarto hay una cama, dos armarios y una cómoda. Las paredes (5) [son / están] beige y hay una ventana grande.

EMILIA: ¡Qué bonito! Mi cuarto (6) [es / está] menos bonito. No tengo ventana y sólo tengo un armario. Además (*In addition*), (7) [es / está] muy pequeño. No (8) [soy / estoy] contenta con mi cuarto. No me gusta.

MARTA: ¡Qué pena! (*What a pity!*)

4-19 ▶ ¿Cómo están? Complete the following conversation with the correct forms of **estar** and the logical adjectives from the list.

listo/a   nervioso/a   enfermo/a   contento/a   sucio/a

JUANA: Hola, Ana, disculpa mi cuarto. (1) _____ porque no tengo tiempo para

limpiar.

ANA: Hola, Juana. ¿Cómo estás? ¿(2) _____ para ir a la fiesta?

JUANA: Sí, pero ¿dónde está Claudia? ¿No viene con nosotras?

ANA: Claudia (3) _____. Tiene fiebre (*fever*).

JUANA: Y tú, ¿cómo estás?

ANA: Muy bien, gracias, pero (yo) (4) _____ porque mi ex novio va a estar en la fiesta.

JUANA: ¿Por qué? ¿Todavía quieres estar con él?

ANA: No, (yo) (5) _____ de estar soltera.

Nombre: _____ Fecha: _____

4-20 ▶ ¿Ser o estar? Julián is telling a friend about his family. Fill in the blanks with the correct form of **ser** or **estar**.

Modelo: Mi padre *es* de México.

1. Mis padres _____ divorciados.

2. Mis hermanos _____ con mi madre.

3. Ellos _____ menores que yo.

4. La casa de mi madre _____ nueva.

5. Su casa _____ en las afueras de la ciudad.

6. Toda la casa siempre _____ limpia.

7. Mi padre siempre _____ ocupado.

8. (Él) _____ muy trabajador.

4-21 ▶ ¿Y tú? Listen to the following questions and answer them with information about yourself.

1. _____

2. _____

3. _____

4. _____

5. _____

Gramática 2: *Making comparisons: Comparatives* (Textbook p. 110)

4-22 ▶ Los dormitorios de Juan y Mario. Compare Juan's and Mario's bedrooms, and fill in the blanks with the correct words to make comparisons (**más . . . que, menos . . . que, tan . . . como,** or **tanto/a/os/as . . . como**).

el dormitorio de Juan

el dormitorio de Mario

Nombre: _____   Fecha: _____

1. Mario tiene _____ libros _____ Juan.

2. El dormitorio de Juan está _____ desordenado _____ el dormitorio de Mario.

3. Mario tiene _____ mascotas _____ Juan.

4. Juan tiene _____ estantes _____ Mario.

5. El dormitorio de Mario está _____ limpio _____ el dormitorio de Juan.

4-23 ▶ ¿Qué casa prefieres? Which of these three houses do you prefer? Write four sentences of comparison using **más . . . que, menos . . . que, tan . . . como,** or **tanto/a/os/as . . . como** with the indicated words.

1. (grande) _____

2. (elegante) _____

3. (ventanas) _____

4. (árboles) _____

4-24 ▶ Mejores amigas. Gloria and Elena are best friends; they do everything together and in the same way. Make comparisons of equality between them, following the model carefully.

Modelo: Gloria y Elena son buenas estudiantes.
Gloria es tan buena estudiante como Elena. o
Elena es tan buena estudiante como Gloria.

1. Gloria y Elena tienen cuartos muy grandes.

_____

2. Gloria y Elena son muy desordenadas.

_____

3. Gloria y Elena limpian mucho.

_____

4. Gloria y Elena están muy ocupadas.

_____

5. Gloria y Elena pagan alquileres muy altos.

_____

4-25 ▶ Diario. Write a paragraph describing your house. Talk about what is in each room and what color the walls and some of the furnishings are.

_____

_____

_____

_____

_____

_____

_____

4-26 ▶ ¿Cómo es tu cuarto? Describe your room orally. Remember to tell how big or small it is, what furniture you have, what color the walls, rug, and furniture are, where things are located in the room, and whether it is generally clean or messy.

Tema 3: ¿Cómo pasas el día?

Vocabulario: Más actividades diarias

4-27 ▶ El día de Susana. Read what Susana is planning to do tomorrow, and complete the paragraph with the missing words from the list.

almorzar	desayunar	cenar	volver	temprano	empezar	tarde

Mañana voy a estar muy ocupada. Voy a levantarme (*get up*) a las 7:00 de la mañana y voy a

(1) _____ a las 7:30. Después, voy a hacer ejercicio con Ana en el gimnasio. Necesitamos

hacer deporte para estar en forma (*in shape*). A las 12:00 voy a (2) _____ con mi mejor

amiga, Estefanía. Ella estudia en otra universidad y no nos vemos (*we don't see each other*) mucho. Por la

tarde, voy a estudiar con José en la biblioteca. Tenemos un examen de biología el jueves, y estoy un poco nerviosa. El año próximo voy a (3) _____ los estudios de farmacia y necesito aprobar

(*pass*) esta clase con una buena nota (*grade*). No puedo estudiar hasta (4) _____ en la

biblioteca porque por la noche voy a (5) _____ con mi hermana en un restaurante

mexicano y después vamos a ir al cine. Finalmente, voy a (6) _____ a casa para ir a la

cama (7) _____.

🔊 **4-28 ▶ ¿Y tú?** Answer the questions you hear in complete sentences in Spanish.

1. _____

2. _____

3. _____

4. _____

5. _____

Gramática 1: *Talking about your daily activities: Stem-changing verbs* (TEXTBOOK P. 114)

4-29 ▶ Las actividades de Juan. Juan's week is always very busy. Complete the sentences with the correct form of the most appropriate verbs from the list.

almorzar	**jugar**	**entender**	**perder**	**dormir**	**preferir**	**empezar**

Modelo: Yo siempre *almuerzo* con mis amigos en la cafetería de la universidad.

1. Yo siempre _____ el día con un buen café.

2. Yo _____ al tenis los lunes por la tarde.

3. Yo veo a mi tutor de matemáticas los martes porque no _____ bien en mi clase de

    cálculo.

4. Los miércoles siempre _____ la siesta por la tarde porque estoy muy cansado.

5. Los jueves, no estudio en casa. _____ ir a la biblioteca porque hay menos ruido (*noise*).

6. Los viernes tomo el autobús para ir al centro de la ciudad. Voy a un museo o a un buen restaurante.

    A veces el autobús llega tarde y entonces yo _____ tiempo.

4-30 ▶ La casa de Pablo. Complete the sentences with the correct form of the logical verb.

Pablo tiene muchos familiares y todos están siempre muy ocupados.

1. Su madre desayuna a las 8:00 de la mañana y _____ (almorzar / cenar) a las 12:00.

2. Cuando sale de casa, Pablo siempre _____ (abrir / cerrar) la puerta con llave (*key*).

3. Su padre siempre _____ (contar / perder) con él para trabajar en el jardín.

4. Sus hermanos menores _____ (servir / dormir) la siesta de las 2:00 a las 3:00 de la tarde.

5. Pablo y su hermana _____ (jugar / entender) juntos a los videojuegos (*video games*)

   los fines de semana, y entonces sus padres no _____ (preferir / poder) ver la

   televisión.

4-31 ▶ En la cafetería. Look at the drawing and write sentences saying who is doing each thing.

Modelo: almorzar en la cafetería
          Todos menos Juanito almuerzan en la cafetería.

1. no poder encontrar a su mamá

   _____

2. decir que está enojada con Rubén

   _____

3. no entender por qué Gloria está enojada

   _____

4. pensar en una muchacha que le gusta

_____

5. almorzar con Esteban

_____

6. no tener ropa limpia

_____

Gramática 2: *Describing how you do things: Adverbs* (TEXTBOOK P. 116)

4-32 ▶ Una casa nueva. You are looking for a new house, and the real estate agent makes the following statements. Replace the words in italics with the adverb from the list that has the same meaning.

aproximadamente	céntricamente	*parcialmente*
tranquilamente	recientemente	prácticamente

Modelo: Puede pagar parcialmente (*en parte*) ahora y el resto al cerrar el contrato.

1. Esta casa es _____ (*casi*) nueva.

2. Tiene un baño _____ (*este año*) renovado.

3. Puede vivir _____ (*con tranquilidad*) en este barrio seguro.

4. Cuesta _____ (*más o menos*) 1.500 dólares al mes.

5. Está localizada _____ (en el centro).

4-33 ▶ Frases desordenadas. Cecilia is talking about what she does on the weekend. Arrange the following sentences in correct order, using the phrases provided. Be sure to begin your sentences with the capitalized words.

Modelo: Los fines de semana / siempre / bien / desayuno
          Los fines de semana siempre desayuno bien.

1. mi apartamento / por la mañana / rápidamente / Limpio

_____

2. tranquilamente / Leo / mis correos electrónicos

_____

3. al supermercado / Me gusta / por la tarde / ir / especialmente

_____

4. la televisión / Miro / por la noche / constantemente

_____

4-34 ▶ ¿Cómo pasas el día durante el fin de semana? Describe your daily activities on the weekend orally. What do you do in your apartment or at your home? When do you eat breakfast, lunch, and dinner? Do you cook or clean? Try to use at least three stem-changing verbs in your response.

Tema 4: ¿Te gusta tu barrio?

Vocabulario: El barrio y los vecinos

4-35 ▶ Los vecinos de Julia. Unscramble the words in parentheses to complete the sentences about Julia's new neighbors.

1. Uno de mis vecinos siempre pone la música muy alta. Es muy (osorudi): _____.

2. También habla mucho. Es muy (bldrohaa): _____.

3. Siempre habla con la vecina de los otros vecinos. Es un poco (mochisos): _____.

4. El otro vecino, su amigo, es muy diferente. No dice mucho. Es (lladoca): _____.

4-36 ▶ Los quehaceres domésticos de Marcos. Marcos just moved into his new house and is describing all the chores he has to do. Complete the sentences with the words and phrases from the list. Remember to make all the necessary agreements and conjugate the verbs when necessary.

lavar	recibo de la luz	estacionamientos	basura	cortar el césped	funcionar

1. En mi calle, hay pocos _____ para los coches.

2. Todos los meses, tengo que pagar el _____. Es bastante caro.

3. Tengo un jardín muy bonito, pero una vez a la semana, tengo que _____.

4. Tres veces a la semana, saco la _____.

5. Los fines de semana, tengo que _____ la ropa en una lavandería.

6. Los fines de semana, también arreglo las cosas que no _____.

4-37 ► Crucigrama. Complete the crossword puzzle with the missing words.

Horizontal

1. No voy al trabajo en coche. Siempre voy en _____.

4. Una persona _____ no habla mucho.

6. En mi edificio, nunca puedo _____ el coche cerca de la puerta.

8. En la calle hay muchos coches: hay mucho _____.

9. Durante el día los niños van a la _____.

Vertical

2. Los niños de la vecina siempre juegan en el patio. Hacen mucho _____.

3. Mi compañero de apartamento hace muchas bromas (*jokes*). Es muy _____.

5. Este apartamento _____ mucho dinero.

7. Mi vecino habla mucho. Es muy _____.

10. Por la noche, tengo que _____ la basura.

4-38 ▶ ¿Cómo es tu barrio? Write a paragraph describing your neighborhood and your closest neighbors. Also mention why you like or dislike living in this neighborhood.

_____

_____

_____

_____

_____

_____

_____

_____

_____

Resumen de gramática (Textbook p. 120)

4-39 ▶ ¿Cuál es el número de tu casa? A teacher has asked a few students to say who they are and where they live. As you listen to each of them, write down the number of their street address.

Modelo: Hola, me llamo Juan y vivo en la Calle Menéndez Pelayo, número trescientos diez.
Juan vive en el número *310*.

1. Lola vive en el número _____.

2. Emilia vive en el número _____.

3. Pilar vive en el número _____.

4. José vive en el número _____.

5. Jesús vive en el número _____.

4-40 ▶ El apartamento de José. Complete the following sentences about José's apartment with the missing words from the list.

algo	siempre	tampoco	nadie	ninguna

1. Mis vecinos _____ están en casa por la noche y hacen mucho ruido. Nunca

   puedo dormir.

2. _____ vive en el apartamento de al lado. Está vacío (*empty*).

3. En mi apartamento, no hay _____ alfombra.

4. Mi novia no vive en el centro. Yo _____ vivo en el centro. Vivo en las afueras.

5. Quiero comprar _____ para poner encima de la cómoda en mi dormitorio.

4-41 ▶ El barrio de Pablo. Pablo lives in a very beautiful neighborhood in the outskirts of the city. Complete the sentences with the correct form of **ser** or **estar**.

1. En mi barrio, las casas _____ muy grandes y bonitas.

2. Mi casa _____ la primera (*first*) casa de la calle.

3. (Mi casa) _____ blanca y roja.

4. (Mi casa) _____ al lado de un parque.

5. Mis vecinos _____ siempre muy ocupados.

6. _____ un barrio muy agradable.

4-42 ▶ Dos casas muy diferentes. Compare these two very different houses. Write four sentences using **más . . . que, menos . . . que, tan . . . como,** and **tanto/a/os/as . . . como.**

Casa A   Casa B

1. _____

2. _____

3. _____

4. _____

4-43 ▶ Los lunes de Juan. Juan is talking about his typical Monday afternoon. Complete the sentences with the correct present tense form of the appropriate verbs from the list.

querer	almorzar	empezar	dormir	encontrar	volver	preferir	jugar

Todos los lunes, (yo) _____ (1) a mi novia en el centro y (nosotros)

_____ (2) en un restaurante porque no trabajamos ese día. Con frecuencia, mi novia

_____ (3) ir de compras después de comer. Si no vamos de compras, casi siempre

_____ (4) a mi casa. Generalmente, mi novia _____ (5) a tener sueño a

las tres o cuatro y _____ (6) la siesta. A mí, no me gusta dormir por la tarde. (Yo)

_____ (7) leer, o a veces _____ (8) a los videojuegos.

4-44 ▶ Los vecinos de Gloria. Gloria has several neighbors with whom she gets along very well. Look at what she says about them and complete the sentences with the missing adverb form of the most appropriate adjective.

1. Ana trabaja _____ (alegre / particular) en su jardín.

2. Pedro corta el césped _____ (práctico / frecuente).

3. Francisca lee _____ (tranquilo / desordenado) en su terraza.

4. Esteban habla _____ (animado / elegante) por teléfono.

5. Marcos siempre se viste (*dresses*) _____ (elegante / cultural).

6. Lidia es _____ (alegre / particular) guapa.

Nombre: _____   Fecha: _____

En la vida real
Context for activities 4-45 to 4-49

You are studying abroad in Madrid this semester, and you still need to find a place to stay. You discuss possibilities with a real estate agent, and review various ads on your own as well.

🔊 **4-45 ▶ Buscar un piso.** Listen to the real estate agent telling you the price of several apartments, and write out the exact numbers in words. Note that in Spain, the word **piso** is used instead of **apartamento**.

1. _____ euros al mes

2. _____ euros al mes

3. _____ euros al mes

4. _____ euros al mes

5. _____ euros al mes

4-46 ▶ Un piso en el centro. The real estate agent has just called to tell you that there is an apartment available in the center of Madrid, close to the Plaza Mayor. Complete the description she gives you with the correct words from the list. Again note that in Spain, the word **piso** is used instead of **apartamento**.

piscina centro sofás alquiler cocina armario nevera garaje

Este piso está en el (1) _____ de Madrid, cerca de la Plaza Mayor. Es un piso de dos

dormitorios. Tiene un cuarto de baño y una (2) _____ enteramente equipada. En la

cocina hay un microondas, una estufa y una (3) _____. El piso está enteramente

amueblado (*furnished*). En la sala, hay dos (4) _____ y un televisor. En cada dormitorio

hay una cama, un (5) _____ y una mesa para estudiar. El edificio también tiene una

(6) _____ común que está abierta desde las 8:00 de la mañana hasta las 8:00 de la noche

donde puede ir a nadar. No hay (7) _____ para estacionar el coche. El precio del

(8) _____ es de dos mil euros al mes. ¿Le gustaría ver este piso?

4-47 ► Un piso en las afueras. The real estate agent is calling you about another apartment she found, but it is located in the outskirts of the city. Listen to the description she gives of the apartment and decide whether the following statements are true (**Cierto**) or false (**Falso**).

1. El piso está a 40 kilómetros de la Puerta del Sol.   Cierto   Falso

2. El piso está en un barrio tranquilo en las afueras de Madrid.   Cierto   Falso

3. El piso tiene cuatro dormitorios.   Cierto   Falso

4. Hay dos dormitorios grandes y un dormitorio pequeño.   Cierto   Falso

5. Hay dos baños.   Cierto   Falso

6. El alquiler cuesta 850 euros al mes.   Cierto   Falso

4-48 ► ¿El centro o las afueras? You are looking at the newspaper and three of the apartment ads catch your attention. Write four sentences comparing the three apartments. Note that in Spain, one says **piso** instead of **apartamento**.

> Piso 1 *Se alquila piso en el centro de Madrid. Dos dormitorios, un baño, cocina semi-equipada, garaje. No está amueblado. 800 euros al mes.*
>
> Piso 2 *Se alquila piso en Alcobendas (20 kms. de Madrid). Tres dormitorios, dos baños, cocina equipada, garaje. 800 euros al mes.*
>
> Piso 3 *Se alquila piso en el centro de Madrid (barrio Lavapiés). Un dormitorio, un baño, cocina semi-equipada. Enteramente amueblado. 1000 euros al mes.*

1. _____

2. _____

3. _____

4. _____

4-49 ► ¿Cuál te gusta más? Take a look at the ads in activity **4-48** again. Which of these three apartments do you prefer? Why? Give your answer orally.

> Piso 1 *Se alquila piso en el centro de Madrid. Dos dormitorios, un baño, cocina semi-equipada, garaje. No está amueblado. 800 euros al mes.*
>
> Piso 2 *Se alquila piso en Alcobendas (20 kms. de Madrid). Tres dormitorios, dos baños, cocina equipada, garaje. 800 euros al mes.*
>
> Piso 3 *Se alquila piso en el centro de Madrid (barrio Lavapiés). Un dormitorio, un baño, cocina semi-equipada. Enteramente amueblado. 1000 euros al mes.*

Lectores de hoy

4-50 ▶ Título. Look at the title of the reading, and select all of the following topics this text will probably be about.

El barrio Lavapiés de Madrid

1. _____ un barrio de Madrid

2. _____ los habitantes del barrio

3. _____ la crisis económica

4. _____ los programas de televisión en España

5. _____ los restaurantes en este barrio de Madrid

4-51 ▶ ¿Cierto o Falso? Read the following passage and decide whether the statements are true (**Cierto**) or false (**Falso**).

El barrio Lavapiés de Madrid

El barrio Lavapiés de Madrid no es un barrio muy turístico. Está situado en el sur de la ciudad, a diez minutos del centro. También hay una parada de metro (*subway stop*) que da a (*opens onto*) la Plaza de Lavapiés, el centro del barrio. Hay que (*one has to*) tomar la línea amarilla. Los edificios del barrio Lavapiés no son muy modernos pero tienen mucho encanto (*charm*).

Lavapiés es famoso por su diversidad cultural. Un 50% de la población no es española. Hay personas de muchas culturas diferentes: indios, chinos, latinoamericanos, turcos, africanos y también españoles. Es un barrio un poco bohemio y hay mucho ambiente, sobre todo por las noches. Hay muchos bares y restaurantes muy agradables. Se puede comer dentro (*inside*) o fuera (*outside*). En las calles también hay músicos y a veces entran en los restaurantes para tocar sus instrumentos.

Si vas a Madrid, no te pierdas (*don't miss*) el barrio Lavapiés. ¡Te va a encantar (*You are going to love it*)!

1. Lavapiés es un barrio de Madrid.   Cierto   Falso

2. Está a media hora del centro de la ciudad.   Cierto   Falso

3. No hay parada de metro en Lavapiés.   Cierto   Falso

4. Es un barrio multicultural.   Cierto   Falso

5. No hay españoles en Lavapiés.   Cierto   Falso

6. Es agradable cenar en un restaurante de Lavapiés.   Cierto   Falso

4-52 ▶ Comprensión. Answer the following questions about the neighborhood of Lavapiés with complete sentences in Spanish.

1. ¿Dónde está el barrio de Lavapiés?

   _____

2. ¿Está lejos del centro de la ciudad?

   _____

3. ¿En qué línea de metro está la parada Lavapiés?

   _____

4. ¿Por qué es famoso el barrio de Lavapiés?

   _____

5. Qué porcentaje de la población no es española?

   _____

Voces de la calle

4-53 ▶ Educadores de hoy. Before watching the video segment, look at the title and select all the possible topics that the people interviewed might discuss.

la educación	las clases de idiomas
las afueras	la falta (lack) de motivación
la disciplina	los restaurantes
la nevera	las clases de español

4-54 ▶ Más sobre los educadores de hoy. Watch the video segment and match each phrase with the most logical conclusion.

1. Pietro es chileno y _____

2. Barbara es de origen cubano y _____

3. Pietro da clases _____

4. La mayoría (most of) de los estudiantes de Barbara son _____

5. Un gran desafío (challenge) de Pietro es _____

6. El mayor desafío de Barbara es _____

a. en programas bilingües.

b. de la clase media.

c. la disciplina.

d. es educador y actor.

e. la fundación de la familia.

f. tiene 44 años.

4-55 ▶ ¿Cierto o Falso? Watch the video again and decide whether the following statements are **Cierto** or **Falso**.

1. Pietro lleva (*has been*) 35 años en Estados Unidos.   Cierto   Falso

2. Barbara es profesora de español.   Cierto   Falso

3. Pietro trabaja con estudiantes bilingües.   Cierto   Falso

4. Las clases de Pietro sólo (*only*) son clases en inglés.   Cierto   Falso

5. Según (*According to*) Pietro, uno de los grandes problemas
   es la falta de motivación.   Cierto   Falso

6. Bárbara dice que los muchachos pasan mucho tiempo
   solos cuando los padres tienen que trabajar.   Cierto   Falso

Escritores en acción

4-56 ▶ Tu compañero/a de apartamento. After doing some research about lodging in Madrid, you have decided to share an apartment with a Spanish student. In this way, you will get a chance to practice the Spanish language and you won't spend too much money on rent. Write your new roommate an e-mail to ask a few questions about the apartment and the neighborhood.

_____

_____

_____

_____

_____

_____

_____

_____

_____

_____

5 Los fines de semana

Tema 1: ¿Qué haces los sábados?

Vocabulario: La rutina diaria

5-1 ▶ ¿Lógico o ilógico? Adriana is describing her daily routine during the week. Decide whether the following statements are logical or illogical.

1. Por la mañana, me ducho y después me levanto.
   lógico   ilógico

2. A las ocho, me visto y me voy a clase.
   lógico   ilógico

3. A las diez, me encuentro con mis amigos para tomar un café.
   lógico   ilógico

4. Por la tarde, a veces me quedo en clase y hablo con la profesora.
   lógico   ilógico

5. Por la noche, me acuesto y después me baño.
   lógico   ilógico

5-2 ▶ El día de Cristina. Cristina's mother calls after the first week of classes and wants to know all about Cristina's routine at the university. Complete Cristina's description with the appropriate words from the list.

me visto	me ducho	me levanto	me lavo la cara
me acuesto	me divierto	me encuentro	

Ay mamá, estoy muy ocupada en la universidad, pero me gusta mucho. Durante la semana, cuando voy

a clase, _____ (1) a las siete menos cuarto. Como no tengo mucho tiempo,

_____ (2) rápidamente en el baño y _____ (3).

Después, voy a la cafetería y desayuno con mis amigas. No me gusta mucho la comida de la cafetería.

Luego tengo clase toda la mañana, y al mediodía _____ (4) con mis amigas y

comemos juntas. Ellas son muy simpáticas. _____ (5) mucho con ellas. Después de mis clases, vuelvo a mi apartamento y _____ (6). Finalmente, a las diez y

media, _____ (7). Siempre estoy muy cansada.

5-3 ▶ Un sábado para Arturo. Arturo is also busy during the week, so he relaxes over the weekend. Put his statements about his typical Saturday in chronological order.

_____ 1. Me quedo un poco en pijama (*pajama*) antes de ducharme.

_____ 2. Me acuesto a la medianoche.

_____ 3. Me levanto a las diez de la mañana.

_____ 4. Por la noche, salgo a bailar con mis amigos.

_____ 5. Me ducho después de desayunar.

_____ 6. Me visto.

_____ 7. Me lavo los dientes antes de ir a la cama.

_____ 8. Por la tarde, me relajo viendo la televisión.

5-4 ▶ Dos compañeros de cuarto muy diferentes. Patricio and Mauricio share a room, but have very different routines. Listen to the speaker and then indicate whether each statement would be made by Patricio or Mauricio, or by both of them (*los dos*).

1. Siempre me levanto a las siete de la mañana.
   Patricio   Mauricio   los dos

2. Me gusta quedarme un poco en la cama.
   Patricio   Mauricio   los dos

3. Siempre me ducho por la mañana.
   Patricio   Mauricio   los dos

4. Como con mis amigos en la cafetería.
   Patricio   Mauricio   los dos

5. Tengo clase por la tarde.
   Patricio   Mauricio   los dos

6. Estudio en la biblioteca por la tarde.
   Patricio   Mauricio   los dos

7. Me acuesto a las diez.
   Patricio   Mauricio   los dos

8. Voy al gimnasio por la noche.
   Patricio   Mauricio   los dos

Gramática 1: *Describing your routine: Reflexive verbs* (TEXTBOOK P. 134)

5-5 ▶ ¿Reflexivo o no? Look at the following drawings of Susana's typical Saturday, and decide whether to use a reflexive verb or not. Select the appropriate description.

1.

a. Susana se levanta a las diez y media.
b. Susana levanta a las diez y media.

2.

a. Susana se ducha.
b. Susana ducha.

3.

a. Susana no se hace nada en particular por la mañana.
b. Susana no hace nada en particular por la mañana.

4.

a. Susana se maquilla.
b. Susana maquilla.

5.

a. Susana se come con sus amigos.
b. Susana come con sus amigos.

6.

a. Susana se acuesta a las doce y cinco.
b. Susana acuesta a las doce y cinco.

Nombre: _____ Fecha: _____

5-6 ▶ Un correo electrónico. Julián is writing an e-mail to his best friend who is studying at another university. Complete his message with the missing pronouns.

Hola, Juan:

¿Cómo estás? ¿Te gusta tu nueva universidad? A mí, me gusta mucho. Tengo muchas cosas que hacer durante

la semana. Por la mañana, _____ (1) levanto a las siete y media. Después,

_____ (2) ducho y luego desayuno con mi compañero de cuarto. Se llama Daniel y es

muy simpático. A las nueve, todos los días, tengo clase de español. A las diez, tengo clase de matemáticas

también con Daniel. Es una clase muy fácil y _____ (3) aburrimos un poco. Nosotros

siempre _____ (4) sentamos juntos en la clase.

Al mediodía, como con los amigos de la clase de español y siempre _____ (5) divertimos

mucho. Después, ellos _____ (6) van a la biblioteca para estudiar, pero yo tengo clase de

historia. Por la noche, hago un poco de deporte y después _____ (7) baño. A las siete,

Daniel y yo cenamos juntos y _____ (8) relajamos un poco delante de la televisión.

Y tú, ¿cómo es tu semana? ¿Tienes muchas clases? ¿_____ (9) diviertes con tus amigos?

¡Escribe pronto!

Julián

5-7 ▶ Un lunes ocupado. It is the first day after the break, and this Spanish professor has a busy Monday. Fill in the blanks with the correct form of the most appropriate verbs from the list.

ducharse	irse	*despertarse*	sentirse	vestirse
levantarse	quedarse	encontrarse	sentarse	

Modelo: La profesora de español *se despierta* a las seis de la mañana.

1. _____ a las seis y cuarto y _____ a las seis y media.

2. Después de ducharse, _____. Siempre lleva ropa elegante.

3. A las ocho, tiene una reunión con los otros profesores del departamento. Después de la reunión, varios

   profesores _____ a un café para desayunar juntos.

© 2011 Pearson Education, Inc.

4. Tiene clase desde las diez hasta la una. Después _____ con su amiga, una profesora

de sicología, y van a comer juntas.

5. Por la tarde, tiene otra reunión con los estudiantes de la Casa Hispánica de la universidad. Después,

ella _____ en la biblioteca a buscar unos libros y luego vuelve a su oficina.

6. Finalmente, a las siete de la tarde, vuelve a casa y _____ en el sofá.

_____ muy cansada.

5-8 ▶ La familia de Norberto. Norberto has a big family. Based on the drawing of his busy house, write a sentence telling what each person is doing.

1. _____

2. _____

3. _____

4. _____

5. _____

6. _____

7. _____

Gramática 2: *Saying what you do for each other: Reciprocal verbs*
(TEXTBOOK P. 136)

5-9 ▶ ¿Qué hacen? Match the people with the most appropriate reciprocal verbs to form complete sentences.

1. Mis hermanos y yo _____   a. se divorcian.

2. Mi hermana y su novio _____   b. se encuentran a las doce para su reunión de departamento.

3. Los estudiantes _____   c. nos peleamos a menudo (*often*).

4. Mis padres _____   d. se ayudan con los ejercicios en clase.

5. Los profesores _____   e. se quieren mucho.

5-10 ▶ En mi familia. Answer the questions you hear about your interactions with family members in complete sentences. Remember to make the reciprocal / reflexive pronoun agree with the subject.

1. _____

2. _____

3. _____

4. _____

5. _____

6. _____

5-11 ▶ Mi amigo/a y yo. Describe orally your relationship with your best friend and what you do together. Be sure to include as many of the following reflexive and reciprocal verbs as possible.

comunicarse	divertirse	pelearse
verse	aburrirse	quedarse
abrazarse	llevarse bien /mal	relajarse
encontrarse	enojarse	sentirse

Tema 2: ¿Qué te vas a poner?

Vocabulario: La ropa

5-12 ▶ En la tienda de ropa. Arturo and his wife are traveling in South America and they are buying clothes in a store. Write the Spanish word for each numbered item, and be sure to include the correct form of the indefinite article (**un / una / unos / unas**) with each noun.

1. _____
2. _____
3. _____
4. _____

5. _____
6. _____
7. _____
8. _____

9. _____
10. _____

5-13 ▶ Ropa de mujer. Unscramble the following words. All of them are articles of clothing or accessories used mostly by women.

1. saladasin: _____

2. tisodev: _____

3. dalaf: _____

4. solab: _____

5. saulb: _____

5-14 ▶ El cliente y la dependienta. María received some money for her birthday and decides to go shopping. Match each question asked by the clerk with María's answer.

1. ¿En qué puedo servirle? _____

2. ¿Qué talla lleva? _____

3. ¿Le gustan estos pantalones? _____

a. Necesito la talla 38.

b. Sí, ¿dónde están los probadores?

c. Busco unos pantalones de verano.

4. ¿Desea probarse los jeans? _____   d. Voy a pagar con tarjeta de crédito.

5. ¿Cómo desea pagar? _____   e. No, no me gustan.

5-15 ▶ En la tienda. Cecilia is trying to find a dress to wear to her best friend's wedding. Complete the following conversation between Cecilia and the clerk with the vocabulary words from the list.

cuesta	talla	servirle	llevar	cómo no	busco	probarme	efectivo

DEPENDIENTA: Buenas tardes, ¿en qué puedo _____ (1)?

CECILIA: Buenas tardes. _____ (2) un vestido para la boda (*wedding*) de mi amiga.

DEPENDIENTA: ¿Qué _____ (3) lleva?

CECILIA: Llevo la talla 42.

DEPENDIENTA: ¿Le gusta este? _____ (4) 150 dólares.

CECILIA: Sí, me gusta. ¿Puedo _____ (5) el rojo también?

DEPENDIENTA: Sí, _____ (6). Los probadores están por acá.

Un poco más tarde . . .

CECILIA: Me gustan mucho los vestidos. Me voy a _____ (7) el azul.

DEPENDIENTA: Muy bien. ¿Cómo desea pagar, con tarjeta o en _____ (8)?

CECILIA: Con tarjeta.

DEPENDIENTA: Muchas gracias. Hasta luego.

CECILIA: Adiós.

5-16 ▶ Un regalo especial. Ana is looking for a special gift for her sister's birthday. Listen to the following conversation and decide whether the statements are **Cierto** (true) or **Falso** (false). If it isn't mentioned, select **No se menciona.**

1. Ana busca un suéter para su hermana.	Cierto	Falso	No se menciona.
2. Su hermana necesita la talla 39.	Cierto	Falso	No se menciona.
3. El dependiente tiene tres suéteres.	Cierto	Falso	No se menciona.
4. El segundo suéter es de un azul más claro (*light*).	Cierto	Falso	No se menciona.
5. El suéter que le gusta a Ana es de excelente calidad.	Cierto	Falso	No se menciona.
6. Ana busca zapatos también.	Cierto	Falso	No se menciona.
7. Ana paga en efectivo.	Cierto	Falso	No se menciona.

5-17 ▶ Unas descripciones. Listen to the descriptions of Luisa, Pedro, and Ana, and select all of the items that each is wearing.

1. a.   b.   c.   d.

2. a.   b.   c.   d.

3. a.   b.   c.   d.

5-18 ▶ ¿Dónde están? Listen to the descriptions of the following people, and decide where they are.

1. _____   a. en su boda (*wedding*)

2. _____   b. en la playa

3. _____   c. en la oficina

4. _____   d. en un partido de tenis

5. _____   e. en Alaska

5-19 ▶ Tres personas muy diferentes. Describe what each of the following people is wearing.

Elena   Luis   Manolo

1. Elena lleva _____.

2. Luis lleva _____.

3. Manolo lleva _____.

Gramática 1: *Pointing out people and things: Demonstrative adjectives and pronouns* (TEXTBOOK P. 140)

5-20 ▶ ¿Qué talla lleva? Marta is buying some clothes for the summer. Select the most appropriate demonstrative adjective or pronoun, depending on the context.

DEPENDIENTE: Buenos días. ¿En qué puedo servirle?

MARTA: Me gustaría comprar un vestido y unas sandalias.

DEPENDIENTE: Vamos a buscar el vestido primero. ¿Qué talla lleva?

MARTA: Llevo la talla 40.

DEPENDIENTE: ¿Le gusta (1) (este / aquel) vestido que tengo aquí?

MARTA: No, no me gusta el color. ¿Tiene otro?

DEPENDIENTE: Claro que sí (*Of course*). Tengo (2) (éste / ése) que está en el escaparate (*store window*).

Tambien viene en rojo y azul. ¿Cuál le gusta más?

MARTA: En realidad, me gusta más (3) (aquél / aquélla). ¿Tiene uno de talla 40 en azul?

DEPENDIENTE: Sí, creo que sí . . .

[*Vuelve con el vestido*]

DEPENDIENTE: ¿También quiere comprar sandalias? ¿Qué número necesita?

MARTA: Treinta y nueve. Busco sandalias blancas.

DEPENDIENTE: Tengo tres pares (*pairs*) de sandalias blancas, (4) (ésta / éstas), (5) (ésas / ésos) y (6)

(aquéllos / aquéllas) en el maniquí (*mannequin*).

MARTA: Me gustan (7) (ése / ésas). ¿Cuánto cuestan?

DEPENDIENTE: Cuestan 50 euros.

MARTA: Muy bien. Voy a comprar el vestido y las sandalias.

DEPENDIENTE: Perfecto.

5-21 ▶ De compras. You are shopping at your favorite store. Indicate your preferences by completing each sentence with the correct demonstrative adjective. Use a form of **este/a/os/as** with **aquí** (*here*), **ese/a/os/as** with **allí** (*there*), and **aquel/aquella/os/as** with **allá** (*over there*).

Modelo: Me gusta *ese* sombrero que está allí.

1. Quiero _____ abrigo que está aquí.

2. Prefiero _____ botas de allí en el escaparate (*store window*).

3. Me gustan _____ camisetas de allá.

4. No me gusta _____ gorra que tengo aquí.

5. Quiero comprar _____ sandalias que veo allí.

6. No me gustan _____ tenis de allá.

Gramática 2: *Saying what you intend to do: Using reflexive and reciprocal verbs in the infinitive* (TEXTBOOK P. 142)

5-22 ▶ Un día de locos. Emilia is planning to have a busy day tomorrow. Fill in the blanks with the correct form of the verbs in parentheses.

Mañana, voy a (1) _____ (levantarse) muy temprano. Voy a (2) _____

(ducharse) rápidamente y después voy a desayunar. A las diez, voy a (3) _____

(encontrarse) con mi mejor amigo. Vamos a ir de compras y vamos a (4) _____

(divertirse) mucho. Después, vamos a comer en un restaurante tailandés y por la tarde vamos a ir al cine.

Por la noche, mi prima va a (5) _____ (quedarse) en mi apartamento. Vamos a

(6) _____ (sentarse) a ver la tele y después vamos a (7) _____

(acostarse) para dormir.

5-23 ▶ ¿Y tú? Answer the questions you hear in complete sentences.

1. _____

2. _____

3. _____

4. _____

5. _____

5-24 ▶ ¿Qué te pones para ir a clase? Including as many reflexive verbs as possible, explain orally what time you are going to go to bed tonight and what you are going to do from now until then.

5-25 ▶ Diario. Write a paragraph comparing the day of the week that you are the busiest with the day that you are least busy. When do you have to get up the earliest and when can you sleep the latest? What do you have to do each day? What do you do to relax or have fun? Include at least six reflexive or reciprocal verbs in your description.

_____

_____

_____

_____

_____

_____

_____

_____

_____

Tema 3: ¿Te estás divirtiendo?

Vocabulario: Una fiesta

5-26 ▶ La fiesta de Gustavo. Look at the drawing below, and fill in the blanks with the correct present participles from the list.

tocando	tomando	jugando	viendo
bailando	hablando	escuchando	preparando

1. Lucía y Adriana están _____ la mesa.

2. Patricio, Alberto y Juan están _____ música.

3. Laura y Enrique están _____ .

4. Paula y Luis están _____ el partido de vóleibol.

5. Celia está _____ con su amigo Mario.

6. Mario está _____ a Celia.

7. Marcos y Sara están _____ un refresco (*soft drink*).

8. Antonio, Gloria y sus amigos están _____ al vóleibol en la piscina.

5-27 ▶ Actividades diversas. Match each sentence with the drawing it describes.

1. _____

a. Ana y Juan están bailando en la discoteca.

b. Pedro está nadando.

c. Pablito y su abuela están viendo la televisión.

d. Miranda y Carlos están mirándose en la playa.

e. Sofía está jugando al tenis.

f. Antonio y sus amigos están comiendo en la cafetería.

2. _____

3. _____

5. _____

4. _____

6. _____

Gramática 1: *Describing what people are doing at the moment: The present progressive* (TEXTBOOK P. 146)

5-28 ▶ **¿Qué están haciendo?** Look at the drawings and select the most appropriate verb to say what the following people are doing. Be sure to conjugate the verb correctly in the present progressive.

cantar	comer	dormir	escribir	hablar	leer

1. Alicia _____.

2. Enrique _____.

3. Vanesa _____.

4. Penélope y Javier _____.

5. Lola _____.

6. Isabel y Linda _____.

5-29 ▶ Una conversación por teléfono. Juana's mother is traveling for work and she calls home to see how everyone is and what they are doing. Fill in the blanks with the present progressive form of the verbs from the list.

limpiar	lavar	estudiar	ver	jugar	leer

JUANA: Aló.

MADRE: Hola, ¿Juana? ¿Cómo estás?

JUANA: ¡Hola, mamá! Estoy muy bien. Y tú, ¿cómo va tu viaje? ¿Todo bien?

MADRE: Sí, todo bien. Cuéntame cómo están todos, Papá, Jaime y los abuelos.

JUANA: Pues, todos estamos muy bien. Ahora mismo, papá _____ (1) el

coche y Jaime y Pedro _____ (2) al fútbol con sus amigos en el jardín.

MADRE: Y tu hermana, ¿qué hace?

JUANA: Ana _____ (3) porque tiene un examen de biología mañana.

MADRE: ¿Y qué hacen los abuelos?

JUANA: Abuela _____ (4) la televisión en el salón. Hay un programa muy

interesante sobre América Latina. Abuelo _____ (5) una revista en

la cocina.

MADRE: Y tú, ¿qué estás haciendo?

JUANA: Pues yo _____ (6) la casa. Y tú mamá, ¿cuándo vuelves?

MADRE: Vuelvo en tres días.

JUANA: ¡Qué bien! Nos vemos pronto entonces.

5-30 ▶ La familia de Josefina. Josefina has a big family, and at this time, all of them are in the house. Tell what each member of the family is doing right now, using the present progressive. Remember that you might have to use reflexive verbs.

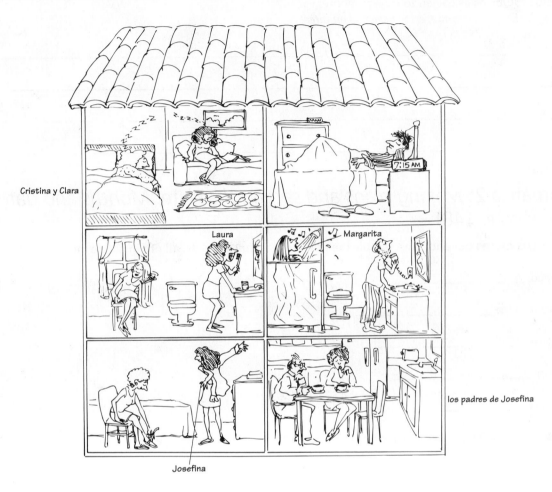

Cristina y Clara

Laura

Margarita

los padres de Josefina

Josefina

1. Cristina y Clara

_____.

2. Laura

_____.

3. Margarita

_____.

4. Josefina

_____.

5. Los padres de Josefina

_____.

Nombre: _____ Fecha: _____

5-31 ▶ ¿Y tú? Listen to the following questions about your actions at the moment. Answer using the present progressive.

Modelo: ¿Qué estás haciendo en este momento?
         En este momento, estoy haciendo mi tarea.

1. _____

2. _____

3. _____

4. _____

Gramática 2: *Making plans and setting the date: Months and dates* (TEXTBOOK P. 148)

5-32 ▶ Los meses del año. Unscramble the following Spanish words, all of which are months of the year.

1. reneo: _____

2. emrebipest: _____

3. uocrebt: _____

4. oliuj: _____

5. tagoos: _____

5-33 ▶ ¿Cuándo? Complete the sentences with the correct month of the year.

1. El primer mes del año es _____.

2. El mes antes de julio es _____.

3. El mes después de octubre es _____.

4. Halloween es el 31 de _____.

5. El último mes del año es _____.

6. El día de la independencia de Estados Unidos es el 4 de _____.

🔊 **5-34 ▶ ¿Cuál es la fecha exacta?** Julia does not remember certain dates. Listen to her questions and give the date of each of the following celebrations.

Modelo: ¿Cuándo es el día de los Presidentes?
          (22/2)
          Es *el ventidós de febrero.*

1. (14/2)

   Es _____.

2. (31/10)

   Es _____.

3. (25/12)

   Es _____.

4. (31/12)

   Es _____.

5. (1/1)

   Es _____.

5-35 ▶ Los cumpleaños de tu familia. Give the birthdays of your family members orally.

Tema 4: ¿Qué tiempo hace?

Vocabulario: El tiempo y las estaciones

5-36 ▶ Las estaciones. Look at the following images and give the name of the corresponding season. Remember to use the definite article.

1. _____

2. _____

3. _____

4. _____

5-37 ▶ El tiempo. Match each location with the appropriate weather expression to form logical sentences.

1. En Alaska en invierno nieva y _____   a. hace calor.

2. En Miami en verano hace calor y _____   b. hace fresco.

3. En Nueva York en primavera no hace frío, pero _____   c. hace sol.

4. En Seattle está nublado y _____   d. llueve mucho.

5. En New Orleans en agosto está húmedo y _____   e. hace mucho frío.

5-38 ▶ El clima. Look at the following drawings and write a sentence describing the weather depicted in each.

Modelo:

Hace sol y hace mucho calor en la playa.

1.

2.

3.

1. _____

2. _____

3. _____

5-39 ▶ El pronóstico del tiempo. Look at the map of the Caribbean islands and then answer the questions you hear in complete sentences, following the Modelo.

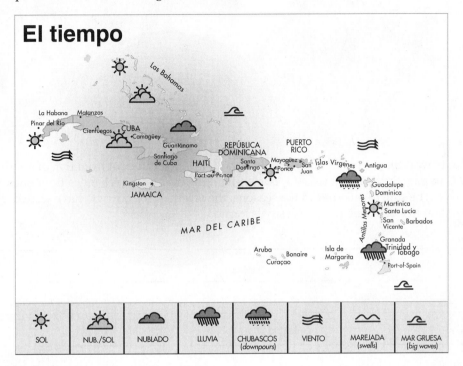

Modelo: ¿Qué tiempo hace en el oeste de Cuba?
Hace sol en el oeste de Cuba.

1. _____

2. _____

3. _____

4. _____

5. _____

5-40 ▶ ¿Qué tiempo hace? Listen to the following weather descriptions and decide which options are correct for the places and seasons mentioned below. For some, there might be more than one correct answer.

1. En agosto en México . . .   a.   b.   c.

2. En diciembre en Chicago . . .   a.   b.   c.

3. En una playa de Miami en verano . . .   a.   b.   c.

4. En las montañas en invierno . . .   a.   b.   c.

5. En la primavera . . .   a.   b.   c.

5-41 ▶ Unas preguntas para ti. Answer the questions you hear orally, in complete sentences.

1. . . .

2. . . .

3. . . .

4. . . .

5. . . .

5-42 ▶ Diario. How is the weather where you live? And how is it different from that of another city you have visited? Compare the different seasons, explaining how the weather changes from one to the other. In your brief essay, be sure to mention all the seasons, the weather in a city you have visited, and the weather where you live or where the university is located.

_____

_____

_____

_____

_____

_____

_____

_____

Resumen de gramática (Textbook p. 152)

5-43 ▶ Los vecinos de Ana. Ana lives in a building in Guatemala City. Look at the drawing and match each person with the action he/she is doing.

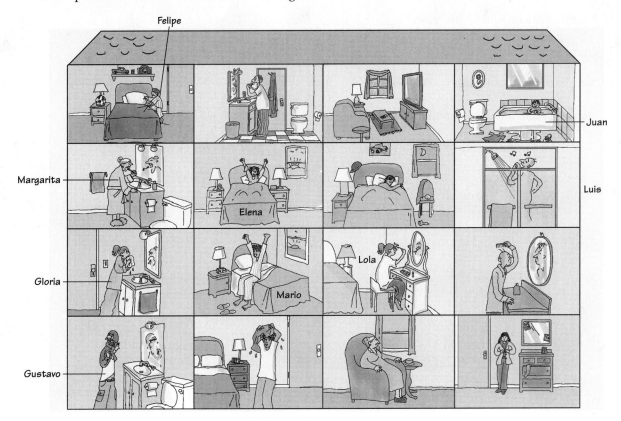

1. Juan _____

2. Margarita _____

3. Elena _____

4. Luis _____

5. Gloria _____

6. Mario _____

7. Lola _____

8. Gustavo _____

a. se lava la cara.

b. se ducha.

c. se baña.

d. se despierta.

e. se levanta.

f. se viste.

g. se maquilla.

h. se lava los dientes.

5-44 No éste, ése. You are in a clothing store and the clerk doesn't seem to understand what you prefer. Complete the sentences with the correct form of the demonstrative pronoun.

Modelo: No me gusta este cinturón. Me gusta *ése* (*that one*).

1. No me gusta esta falda. Me gusta _____ (*that one*).

2. No me gusta este abrigo. Me gusta _____ (*that one over there*).

3. No me gustan esas sandalias. Me gustan _____ (*these*).

4. No me gustan aquellos pantalones. Me gustan _____ (*those*).

5. No me gusta este traje de baño. Me gusta _____ (*that one over there*).

🔊 **5-45 ▶ Los amigos ocupados de Marta.** Marta wants to have lunch with a friend, but all of her friends seem to be doing something else when she calls. Look at the drawings and fill in the blanks with the correct present progressive form of the most appropriate verb phrase from the list.

jugar al tenis	**ver una obra de teatro**	**tomar el sol**
hacer ejercicio	*pasear por el parque*	

Modelo:

— Hola Eugenio, ¿qué haces?

— Hola Marta, *estoy paseando por el parque.*

1. — Hola Linda, ¿qué haces?

   — Hola Marta, _____.

2. — Hola Marco, ¿qué haces?

   — Hola Marta, _____.

3. — Hola Inés, ¿qué haces?

   — Hola Marta, _____.

4. — Hola Jesús y Pablo, ¿qué hacen?

   — Hola Marta, _____.

Nombre: _____   Fecha: _____

5-46 ▶ Fechas y estaciones. Look at each drawing below and select the date that it illustrates.

1.

  a. el treinta y uno de octubre   b. el diecisiete de marzo   c. el veinticinco de diciembre

2.

  a. el treinta y uno de octubre   b. el primero de enero   c. el catorce de febrero

3.

  a. el catorce de febrero   b. el treinta y uno de octubre   c. el cuatro de julio

4.

  a. el primero de enero   b. el cuatro de julio   c. el treinta y uno de octubre

5.

  a. el cuatro de julio   b. el catorce de febrero   c. el diecisiete de marzo

En la vida real
Context for activities 5-47 to 5-50

You have decided to accept a job at the university bookstore, where they sell not only books, but also clothes, mugs, and other accessories with the university logo.

5-47 ▶ Un día normal en la librería (*bookstore*) de la universidad. Ana is another student who works at the bookstore. She has been working there for over a year and she tells you about a typical day there. Complete her description with the correct form of the reflexive verbs.

Me gusta mucho trabajar en la librería de la universidad. Por la mañana, puedo

(1) _____ (levantarse) a las 8:00 porque no empiezo a trabajar hasta las 9:00. Entre las

9:00 y las 11:00, hay poca gente. A veces (2) _____ (aburrirse) un poco y juego en la

computadora para (3) _____ (divertirse). Entonces, nuestro jefe (*boss*) no está contento.

Entre las 11:00 y la 1:00 vienen algunos estudiantes a comprar ropa. Quieren (4) _____

(probarse) la ropa. A veces ellos (5) _____ (quedarse) mucho tiempo en los probadores

y yo (6) _____ (enojarse) un poco. Normalmente, yo siempre (7) _____

(llevarse) muy bien con los clientes. Después por la tarde, hay poca gente. Puedo (8)_____

(sentarse) y (9) _____ (relajarse). Luego, a las cinco, termino y

(10) _____ (irse).

5-48 ▶ Una conversación. A customer wants to buy some souvenirs for the little sister of his son who is studying at your university. Complete your conversation with the correct words from the list.

éste	buscando	servirle	talla
pagar	color	cheque	

TÚ: Buenos días, ¿en qué puedo _____ (1)?

EL PADRE: Buenos días. Estoy _____ (2) un suéter de la universidad para mi hija.

TÚ: Muy bien. ¿De qué _____ (3)?

EL PADRE: Si es posible, me gustaría un suéter rojo.

TÚ: ¿Qué _____ (4) necesita?

EL PADRE: Es para una niña de ocho años.

TÚ: Muy bien. Tengo dos suéteres diferentes: ¿prefiere _____ (5) o ése?

EL PADRE: Prefiero éste.

TÚ: No tengo rojo en esta talla, pero tengo los colores verde, rosa, gris y negro. ¿Cuál prefiere?

EL PADRE: Me gusta más el rosa.

TÚ: Muy bien. ¿Cómo quiere _____ (6), en efectivo, con _____

(7) o con tarjeta de crédito?

EL PADRE: Voy a pagar con tarjeta de crédito.

TÚ: Perfecto. Aquí está. Hasta luego, y gracias.

5-49 ▶ ¿Qué están haciendo? You have several clients at the same time in the store. Complete the following sentences telling what they are doing.

Modelo: Un señor mayor *está mirando* (mirar) los libros.

1. Una estudiante _____ (comprar) una camiseta.

2. Una profesora _____ (buscar) un calendario.

3. Unas niñas _____ (jugar) con los bolígrafos.

4. Unos estudiantes _____ (leer) una revista.

5. Una señora _____ (hablar) por teléfono.

5-50 ▶ Horas de apertura (*Hours open*). It's Thanksgiving, and the bookstore has holiday hours. Based on the schedule you see below, answer the questions the following people are asking you on the telephone. Be sure to follow the sentence structure of the model exactly.

NOVIEMBRE

De lunes a viernes: 9:00 AM—6:00 PM

Los fines de semana: 10:00 AM—4:00 PM

Del 23 al 26: horario especial por vacaciones: 1:00 PM—4:00 PM

Modelo: ¿De qué hora a qué hora va a estar abierta la tienda este domingo 19?
          El 19 de noviembre va a estar abierta de las diez de la mañana a las cuatro de la tarde.

1. _____

2. _____

3. _____

4. _____

5. _____

Lectores de hoy

5-51 ▶ **¿Cierto o Falso?** Gloria is very busy this month. Read the passage and use the calendar to help you understand what she says about her activities. Then, read the sentences about Gloria's month and decide whether they are **Cierto** (*true*) or **Falso** (*false*). If it doesn't say, select **No se menciona**.

ENERO

L	M	M	J	V	S	D
		1	2 ♪	3	4	5
6	7 ♪	8	9 ♪	10	11	12
13	14 ♪	15	16 ♪	17	18	19
20	21	22	23	24	25	26
27	28 ♪	29	30 ♪	31		

Tengo muchas cosas que hacer este mes. Los martes y jueves, siempre tengo clase de música. Toco el piano y el violín, y también tengo clases de canto. Los lunes, siempre voy a la biblioteca a estudiar. Entonces, preparo mi tarea para toda la semana y estudio para mis exámenes. Los sábados tengo clase de tenis. Mi profesora es de Chile y juega muy bien. Es una profesora excelente.

Luego, este mes es un poco especial porque es el cumpleaños de mi madre y voy a ir a casa para una fiesta. Tomo el avión el 19 de enero y vuelvo el 23 de enero. Va a ser un viaje corto, pero voy a estar en casa para el cumpleaños de mi madre el 22 de enero. Este año cumple 50 años.

El 24 de enero es otro día especial. Tengo que levantarme temprano porque mi mejor amiga viene y tengo que ir al aeropuerto. El 25 tengo que levantarme temprano también porque vamos a ir un día a la montaña con unos amigos. Finalmente, el 31 tengo que llamar a mi prima porque es su cumpleaños. ¡Va a ser un mes muy ocupado, pero esto me gusta!

1. Los martes y miércoles, Gloria tiene clase de música. Cierto Falso No se menciona.

2. Gloria toca la guitarra también. Cierto Falso No se menciona.

3. Los lunes, Gloria estudia en su apartamento. Cierto Falso No se menciona.

4. Gloria hace un viaje del 19 al 23 de enero. Cierto Falso No se menciona.

5. El 24 de enero su mejor amiga viene. Cierto Falso No se menciona.

6. El 25 de enero Gloria se tiene que levantar temprano porque va a la playa con sus amigos. Cierto Falso No se menciona.

7. El 31 de enero es el cumpleaños de la madre de Gloria. Cierto Falso No se menciona.

8. A Gloria le gustan mucho las fiestas de cumpleaños. Cierto Falso No se menciona.

5-52 ▶ Un lunes típico. Complete Gloria's description of a typical Monday with the correct form of the reflexive or reciprocal verb.

Generalmente los lunes yo (1) _____ (despertarse) a las siete de la mañana y

(2) _____ (levantarse) a las siete y media. (3) _____ (ducharse)

rápidamente. A las ocho, desayuno y después (4) _____ (irse) a la biblioteca. Los

lunes no tengo clase, entonces (5) _____ (quedarse) en la biblioteca a estudiar. A las

doce (6) _____ (encontrarse) con mis amigos para comer en la cafetería y a la una,

vuelvo a la biblioteca para estudiar. A las cinco, mi amiga Ana y yo

(7) _____ (irse) a casa donde cenamos juntas a las seis. Después, yo

(8) _____ (relajarse) un poco escuchando música. Finalmente, a las diez

(9) _____ (lavarse los dientes) y (10) _____ (acostarse).

Voces de la calle

5-53 ▶ Bocados de la realidad. Listen to the video segment and pay attention to the origin of the speakers. Then, from the following list, select the countries of origin mentioned in this video segment.

Argentina	**Puerto Rico**	**México**	**Cuba**	**Paraguay**
Venezuela	**Chile**	**República Dominicana**	**Costa Rica**	

5-54 ▶ Hispanos en Estados Unidos. Match each of the statements with the person to whom they apply.

1. Analissa _____

2. Jorge _____

3. Itandehui _____

4. Edgar _____

5. Rosal _____

6. Héctor _____

a. Aquí, me siento más orgullosa (*proud*) de ser puertorriqueña.

b. Creo que la etnia latina tiene mucho poder (*power*).

c. Me gusta mantener mis costumbres (*customs*) paraguayas aquí en Estados Unidos.

d. Tengo familia aquí en Nueva York también.

e. Me gusta mucho escuchar música y leer novelas mexicanas.

f. Soy la coordinadora de la academia de Mariachi de Nueva York.

5-55 ▶ ¿Cierto o Falso? Decide whether the following statements are **Cierto** (*true*) or **Falso** (*false*).

1. A Analissa le gusta enseñarles su cultura mexicana a sus amigos extranjeros (*foreigners*).   Cierto   Falso

2. Jorge tiene familia en Nueva York.   Cierto   Falso

3. Itandehui dice que en Nueva York no hay muchos mexicanos.   Cierto   Falso

4. Para Edgar es muy importante vivir su herencia (*heritage*) paraguaya en su vida diaria (*daily*).   Cierto   Falso

5. Rosal está muy orgullosa de ser latina.   Cierto   Falso

6. Héctor habla de un muralista mexicano.   Cierto   Falso

Nombre: _____ Fecha: _____

Escritores en acción

5-56 ▶ Un intercambio. A group of students from Chile is visiting your university for a week. Your Spanish professor has asked you to be in charge of the program and the written recommendations that the Chilean students should receive in order to prepare for their trip. Write a paragraph for the program pamphlet using the words in your textbook, and be sure to mention the following:

• the dates of the visit

• the activities they will do and the days that these activities will take place

• the weather that you are expecting in the area and the clothes that they should bring for that kind of weather

_____

_____

_____

_____

_____

_____

_____

6 En Internet

Tema 1: ¿Qué aplicaciones informáticas usas?

Vocabulario: Los procesadores de texto

6-1 ▶ ¿Qué tengo que hacer? Pedro's mother Anita wants to create her own *Facebook* page, but she doesn't know how to do it. Read their conversation and match each cognate with its English equivalent.

ANITA: Pedro, ¿me puedes ayudar? Quiero crear mi página en *Facebook*.

PEDRO: Claro. Primero, tienes que abrir una ventana e ir al sitio web de *Facebook*: *www.facebook.com*.

ANITA: Muy bien. ¿Y después?

PEDRO: Después tienes que hacer clic en *crear una cuenta nueva* y escribir la información que necesitan.

ANITA: Bien. Espera un segundo . . . ¿Y ahora?

PEDRO: Ahora, tu página está lista, y puedes poner una foto y buscar a tus amigos.

ANITA: ¿Cómo busco a mis amigos?

PEDRO: Tienes que hacer clic en *buscar* y escribir el nombre de la persona que buscas.

ANITA: ¡Qué fácil es todo esto! ¿Tú tienes una página en *Facebook*? ¿Podemos ser amigos?

PEDRO: Ay mamá, yo no quiero tener a mi madre como amiga en *Facebook* . . .

1. crear _____   a. *a person*

2. página _____   b. *website*

3. sitio web _____   c. *to create*

4. hacer clic _____   d. *page*

5. un segundo _____   e. *a second*

6. una persona _____   f. *to click*

6-2 ▶ Los estudiantes y la red. Read the following paragraph about the use of the Internet by college students, and select all the cognates; there are 29. If the word appears more than once, select it each time it is used. Look carefully at the root of each word to see whether the word in English has the same meaning.

Hoy en día, todos los estudiantes universitarios necesitan tener acceso a Internet. La red es una fuente de información muy importante que ayuda a los estudiantes a hacer investigación para sus estudios y para los trabajos que tienen que hacer para sus clases. Pero no todos los estudiantes tienen una computadora y por esta razón, todas las universidades ofrecen a los estudiantes la posibilidad de consultar su correo electrónico o de navegar la red en el campus. Estas computadoras están casi siempre en la biblioteca, pero otras universidades tienen también laboratorios con computadoras para los estudiantes. Es difícil imaginar que todo esto existe desde hace menos de veinte años.

Repaso 1: *Expressing the verb to be:* **Ser, estar,** *and* **hay** (TEXTBOOK P. 166)

6-3 ▶ Un curso de informática. Loli's mother doesn't know a lot about computers, so she has decided to take a beginner computer class this summer. The third day of class is about the *Excel* program. Select the most appropriate verbs to complete the instructor's explanation.

Buenos días. ¿Cómo (1) (son / están) todos hoy?

Como saben (*As you know*), una computadora tiene muchos programas. (2) (Hay / Está) programas como *Word, Excel* y *Powerpoint*, y hoy vamos a estudiar el programa *Excel*. (3) (Está / Es) un programa muy interesante para hacer tablas o cálculos. En realidad, funciona con columnas y filas (*rows*). Las columnas (4) (son / están) verticales y las filas (5) (están / son) horizontales. La información se escribe dentro de los pequeños cuadros (*rectangles*). *Excel* (6) (es / hay) un programa que permite hacer cálculos como, por ejemplo, sumar (*add*) o restar (*subtract*) números. También puede calcular el promedio (*average*) de una serie de números. El programa (7) (está / es) fácil de usar.

Bueno, ahora que nosotros (8) (estamos / somos) listos, vamos a encender (*turn on*) las computadoras.

6-4 ▶ Una ventaja de Internet. Pedro has a doctor's appointment, but he is a new patient at this office, and doesn't know how to get there. Complete the following conversation between Pedro and his friend Daniel with the correct forms of **ser, estar,** or **hay.**

PEDRO: Oye Daniel, ¿sabes (*do you know*) dónde _____ (1) la oficina del Dr. Menéndez?

DANIEL: Sé que _____ (2) cerca, pero no sé cómo llegar. ¿Tienes la dirección exacta?

PEDRO: Sí, _____ (3) en la Calle San Julián, número 75.

DANIEL: ¿Por qué no miras en Internet? _____ (4) muy fácil.

PEDRO: ¿Ah sí? Yo no sé cómo funciona.

DANIEL: Tienes que ir al sitio web de *Google maps*. Allí _____ (5) mapas del mundo entero. Haces clic en *cómo llegar*. Luego escribes tu dirección primero y después la dirección del doctor. El programa indica el camino (*way*) más rápido para llegar.

PEDRO: Pues eso _____ (6) una buena idea. ¿Cuál _____ (7) el sitio web entonces?

DANIEL: _____ (8) *www.maps.google.com.*

PEDRO: Muchas gracias, Daniel. Tú siempre tienes buenas ideas.

Repaso 2: *Naming and describing people and things: Articles, nouns, and adjectives* (TEXTBOOK P. 167)

6-5 ▶ Una computadora nueva. Samantha needs to buy a new computer, but she doesn't know where to buy it. Complete the following conversation between Samantha and Paula with the most appropriate definite or indefinite articles.

SAMANTHA: Hola, Paula. Quiero comprar _____ (1) computadora nueva. Me gusta

_____ (2) computadora que acabas de comprar. ¿En qué tienda tienen

_____ (3) mejores precios para comprar _____ (4)

computadora portátil (*laptop*) como ésa?

PAULA: Me gustan _____ (5) tiendas en Internet porque ofrecen casi todos

_____ (6) productos a mejor precio. Hay _____ (7)

sitio que me gusta mucho para comprar computadoras y otros aparatos electrónicos.

No recuerdo _____ (8) dirección web exacta, pero _____

(9) tienda se llama Galaxia Electrónica. Tiene de todo.

SAMANTHA: Gracias por _____ (10) información, pero prefiero comprar aparatos

electrónicos aquí en mi ciudad, por si hay algún problema.

6-6 ▶ Un sitio web de comidas. Cristina likes to cook, and she just found a website with recipes (*recetas*) on the Internet. Form complete sentences with the words given below. Remember to begin each sentence with the capitalized word.

Modelo: un / Es / impresionante / sitio web
Es un sitio web impresionante.

1. página web / colores atractivos / tiene / La / muchos

_____

2. 50 / de / recetas / Tiene / internacional / comida

_____

3. recetas / tradicionales / mexicana / Hay / de / comida

_____

4. recetas / muy / Las / son / fáciles

_____

5. tiene / recetas / más / unas / También / difíciles

_____

Repaso 3: *Saying how many: Numbers* (TEXTBOOK P. 168)

🔊 **6-7 ▶ Usuarios de *Facebook* en el mundo.** Listen to the following statistics of *Facebook* users, and write out in words the percentages you hear.

Modelo: Treinta y ocho
Treinta y ocho % son usuarios de Estados Unidos.

1. _____ % son usuarios de Europa.

2. _____ % son usuarios de América Latina.

3. _____ % son usuarios del Medio Oriente (*Middle East*).

4. _____ % son usuarios de Asia.

5. _____ % son usuarios del resto del mundo.

🔊 **6-8 ▶ *Facebook*.** Listen to the following information about *Facebook,* and decide whether the statements below are **Cierto** (*true*) or **Falso** (*false*). If it doesn't say, select **No se menciona**.

1. El sitio web *Facebook* nace en febrero de 2005. Cierto Falso No se menciona.

2. La página de *Facebook* tiene más de 250 millones de usuarios en el mundo. Cierto Falso No se menciona.

3. *Facebook* está disponible (*available*) en 20 idiomas. Cierto Falso No se menciona.

4. *Facebook* está disponible en turco (*Turkish*). Cierto Falso No se menciona.

5. 120 millones de usuarios abren su página una vez a la semana. Cierto Falso No se menciona.

6. A diario (*Every day*), se suben (*are uploaded*) más de 14 millones de fotos. Cierto Falso No se menciona.

Repaso 4: *Making comparisons: Comparatives* (TEXTBOOK P. 169)

🔊 **6-9 ▶ ¿Más o menos?** Listen to Aurelia and Sergio and complete the following sentences by selecting the most appropriate words.

Modelo: AURELIA: Yo compro ropa en Internet todos los meses.
  SERGIO: Yo no compro casi nunca ropa en Internet.
  Aurelia compra (*más* / menos) ropa en Internet (como / *que*) Sergio.

1. Aurelia pasa (más / menos) tiempo en Internet (que / como) Sergio.

2. Aurelia lee (más / menos) las noticias en Internet (que / como) Sergio.

3. Aurelia busca (menos / más) información en Internet (que / como) Sergio.

4. Aurelia habla (tanto / menos) con sus amigos por Internet (que / como) Sergio.

5. Aurelia y Sergio leen (más / tantos) libros en papel (que / como) libros electrónicos.

6-10 ▶ Comparaciones. Go to the Internet and search "comprar computadoras" to find two online electronics stores with web pages in Spanish. Compare their websites, prices, products, or other aspects of the stores and write three comparisons between them using the expressions given.

Modelo: tan . . . como

La tienda *Galaxia electrónica* es tan cara como la tienda *Universo de computadoras.*

1. tanto / a / os / as . . . como

_____

2. más . . . que

_____

3. menos . . . que

_____

Tema 2: ¿Qué es la red?

Vocabulario: Los sitios web y las búsquedas

6-11 ▶ Páginas principales. Search "comprar computadoras" again on the Internet, and find a home page in Spanish of a store that sells computers online. Then answer the following questions about the site.

1. ¿Cómo se llama la compañía de esta página web?

_____

2. ¿Cuál es la dirección de Internet de la página?

_____

3. ¿Está el menú en la parte superior de la página, a la izquierda o a la derecha? ¿Cuáles son algunos enlaces (*links*) o categorías del menú?

_____

_____

_____

4. ¿Qué parte de la página principal llama más la atención?

_____

5. ¿Hay un pie de página (*footer*)? ¿Qué información hay en el pie de página?

_____

Nombre: _____   Fecha: _____

6-12 ▶ Una página web. Look at the following web page from *elpais.com* and decide whether the statements are **Cierto** (*true*) or **Falso** (*false*).

1. *El País* es un periódico.	Cierto	Falso
2. El menú de esta página web aparece verticalmente.	Cierto	Falso
3. *El País* informa sobre noticias (*news*) nacionales e internacionales.	Cierto	Falso
4. Algunos artículos llaman más la atención porque tienen fotos o una letra (*print*) más grande.	Cierto	Falso
5. Hay mucha publicidad (*advertising*) en la página.	Cierto	Falso
6. El nombre del sitio y la fecha aparecen (*appear*) en el pie de página.	Cierto	Falso

Repaso 1: *Saying what people do: Conjugations of -ar, -er, and -ir verbs* (TEXTBOOK P. 172)

6-13 ▶ Comprar en Internet. Ana wants to buy a book on the Internet. Complete these sentences by filling in each blank with the correct form of the logical verb.

1. Ana _____ un libro que quiere _____ en Internet. (buscar, comprar)

2. Ella _____ todas las novelas que esta autora _____. (escribir, leer)

3. Ella _____ varias páginas web para ver qué tiendas _____ el libro.

   (abrir, vender)

4. Ella _____ las tiendas y _____ el precio más barato.

   (comparar, pagar)

5. También _____ pagar los gastos de envío (*shipping costs*), pero pocos días después,

   el libro _____ a su casa. (deber, llegar)

6-14 ▶ El correo electrónico. Aurelia is studying abroad for a semester in Argentina and uses the Internet all the time. Complete her description of her Internet use with the correct forms of the most appropriate verbs from the list.

contestar	escribir	hablar	leer
pasar	recibir	usar	vivir

Aquí en Buenos Aires, como estoy lejos de mi familia y mis amigos, (yo) _____ (1) el

correo electrónico todos los días para comunicarme con ellos. Mi madre y yo nos _____ (2)

correos electrónicos casi todos los días. Ella es muy chismosa y así (yo) siempre _____ (3)

muchas noticias (*news*) de mi familia. Mis amigos y yo también _____ (4) mucho tiempo

en Internet y con frecuencia (nosotros) _____ (5) con mensajería instantánea. Ellos están

muy interesados en mis experiencias aquí en Argentina y yo siempre _____ (6) todas sus

preguntas. Mis amigos y familiares _____ (7) muy lejos en Estados Unidos, pero cuando

_____ (8) sus mensajes, me siento mucho más cerca de ellos.

Repaso 2: *Requesting information: Question formation* (TEXTBOOK P. 173)

6-15 ▶ Una entrevista. Silvio is a journalist and needs to write an article about *Google*. Complete the following questions he has prepared about the company with the most appropriate question words. Remember to make the agreement when necessary.

Modelo: ¿*Quiénes* son los creadores (*creators*) de Google?

1. ¿ _____ es Google?

2. ¿ _____ están las oficinas de Google?

3. ¿ _____ personas trabajan en Google?

4. ¿ _____ visitas diarias tiene Google?

5. ¿ _____ son los proyectos futuros de Google?

6-16 ▶ Uso de Internet. You are preparing a recorded phone survey about the use of Internet for Spanish speakers in your area. Give five questions orally that you might include in it.

Repaso 3: *Saying what people have:* **Tener** *and* **tener** *expressions* (TEXTBOOK P. 174)

6-17 ▶ En la clase de informática. Juan has a computer science class at 8:00 AM on Tuesdays and Thursdays. It is his favorite class. Fill in the blanks with the correct form of the verb **tener** to complete Juan's description of his class.

Todos los martes y jueves a las ocho de la mañana, yo _____ (1) clase de informática. Me

gusta mucho esta clase. Nosotros _____ (2) una profesora muy buena, simpática y joven.

Ella _____ (3) 32 años. En la clase, todos los estudiantes _____ (4) una

computadora con conexión a Internet. En total, somos 35. La profesora tiene una computadora *Mac;* yo

también quiero _____ (5) una computadora *Mac.* Para esta clase, nosotros siempre

_____ (6) mucho trabajo, pero aprendemos mucho.

6-18 ▶ Una clase de economía. This morning, Beatriz has her first class at 10:00 AM. Listen to the descriptions she makes of her classmates, and match each one with the corresponding expression with **tener.**

1. _____   a. Tiene prisa.

2. _____   b. Tiene suerte porque nunca estudia.

3. _____   c. Tiene calor.

4. _____   d. Siempre tiene miedo de salir mal.

5. _____   e. Tiene sueño.

6. _____   f. Ahora tengo hambre. Voy a ir a comprar algo en la cafetería.

Repaso 4: *Saying what people do:* Verbs with irregular **yo** forms (TEXTBOOK P. 175)

6-19 ▶ El periódico. Every morning when Bernardo wakes up, he eats breakfast and turns on his computer to read the newspaper online and check his e-mail. Select the most appropriate verb forms to complete his description of his morning routine.

Cuando me levanto por la mañana, lo primero que (1) (hago / salgo) es encender (*turn on*) mi computadora. (2) (Oigo / Pongo) mi café en la mesa al lado de mi teclado (*keyboard*), voy al sitio web de los dos periódicos que prefiero (uno regional y otro nacional) y leo las noticias. También (3) (veo / traigo) algunos videos. Después de leer todos los artículos de interés, (4) (veo / salgo) de la página web y abro mi correo electrónico. Después de media hora (5) (oigo / hago) a mi madre llamarme para irme a clase.

6-20 ▶ Una clase en línea. Isabel has chosen to have one class online this semester, to decide whether she likes it or not. Read her description of her experience, and complete it with the correct form of the most appropriate verbs from the list.

salir	traer	poner
hacer	ver	oír

Los lunes por la mañana, tengo una clase de español en línea desde las 9:00 de la mañana hasta las 12:00.

Me gusta porque no _____ (1) de casa para ir a clase. Antes de las 9:00,

_____ (2) la webcam para estar preparada para la clase. La profesora también tiene una

webcam, así que la _____ (3) mientras (*while*) habla. A veces, no _____

(4) bien lo que dice y tengo que subir (*turn up*) el volumen de mi computadora.

A las 10:00, mi madre _____ (5) un café a mi cuarto. ¡Tengo una madre maravillosa! A las

10:30, hay una pausa de diez minutos y entonces _____ (6) preguntas a la profesora

sobre lo que no entiendo. Ella siempre contesta mis preguntas.

Tema 3: ¿Qué hacemos en Internet?

Vocabulario: Usos de Internet

6-21 ▶ Una cuenta bancaria. *Un banco en Internet* is the title of the passage that you will read in the following activity. Guess what the text might be about. Then, write five complete sentences in Spanish telling some of the things you can do with online banking. You may use the words in the following list.

transferir	pagar	consultar	averiguar (*check*)	pedir
un préstamo (*loan*)	el recibo de la luz	las cuentas (*accounts*)	dinero	los depósitos

1. _____

2. _____

3. _____

4. _____

5. _____

6-22 ► Un banco en Internet. Now read the passage, and decide whether the statements are **Cierto** (*true*) or **Falso** (*false*). If the information is not given, select **No se menciona**.

Un banco en Internet

Desde hace varios años, el banco catalán *La Caixa* ofrece un servicio online a sus usuarios (*users*). El servicio online facilita las transacciones básicas; por ejemplo, consultar su cuenta para ver, entre otras cosas, si ha llegado (*has arrived*) su salario a final de mes o para ver los gastos de su tarjeta de débito o de crédito. Otro servicio que se usa mucho también son las transferencias. Se hacen transferencias para pagar los gastos (*expenses*) de las tarjetas, otras a cuentas bancarias de otros usuarios por razones personales o, también, transferencias mensuales (*monthly*) para pagar el alquiler, el agua, la electricidad, el teléfono móvil, Internet o la televisión. En realidad, los usuarios tienen que ir al banco sólo para sacar dinero, pero como hoy en día casi todo se paga con tarjeta, esto también es cada vez menos necesario.

1. El servicio online de *La Caixa* es nuevo.	Cierto	Falso	No se menciona.
2. El servicio está disponible (*available*) las veinticuatro horas del día.	Cierto	Falso	No se menciona.
3. El servicio permite ver los gastos de las tarjetas de débito o de crédito.	Cierto	Falso	No se menciona.
4. Los usuarios pueden pagar el recibo de la luz o del agua desde casa.	Cierto	Falso	No se menciona.
5. Los usuarios nunca tienen que ir al banco.	Cierto	Falso	No se menciona.

Repaso 1: *Saying where you go and what you are going to do:* *Ir, ir a* + *infinitive* (TEXTBOOK P. 178)

6-23 ► Un regalo de cumpleaños. Daniela wants to buy a present for her mother's birthday, but she has a very busy week and does not have time to go to the store. She decides to buy it online. Complete her description of her plans with the correct forms of the verb **ir.**

Yo _____ (1) a llamar a mi hermana para ver si ella tiene una idea de regalo para nuestra

madre y si quiere comprar el regalo conmigo. Después, mi hermana _____

(2) a venir a mi casa y nosotras _____ (3) a mirar juntas en Internet, a ver si encontramos

un regalo. Primero, _____ (4) a ir al sitio web de una librería, porque a mi madre le gusta

mucho leer. Si encontramos algo bueno, _____ (5) a comprar un libro. Si no,

_____ (6) a abrir la página de la tienda de ropa favorita de mi madre. Como tiene su

cumpleaños en el verano, podemos comprarle una camiseta o un vestido. En fin, no sé qué (nosotras)

_____ (7) a comprar, pero seguro que a mi madre le _____

(8) a gustar.

6-24 ▶ ¿Y tú? What are you planning to use the Internet for in the next few days? Write five sentences using **ir a** + infinitive, and be sure to follow the model.

Modelo: *Esta semana voy a escribir muchos correos electrónicos.*

1. _____

2. _____

3. _____

4. _____

5. _____

Repaso 2: *Indicating whose it is: Possessive adjectives* (TEXTBOOK P. 179)

6-25 ▶ Las fotos de Armando. Armando has posted a few pictures on his *MySpace* account and for each picture, he is adding a caption. Complete his captions with the missing possessive adjectives.

1. _____ (*my*) padres, Felipe y Julieta

2. _____ (*our*) perro, Milú

3. Aquí estoy con _____ (*my*) hermano Pedro

4. _____ (*my*) amigo Jorge y _____ (*his*) padres

5. _____ (*my*) hermana Fina y _____ (*her*) nuevo carro

6. _____ (*our*) casa en Argentina

6-26 ▶ Una familia internauta (*Internet user*). Fernando's family is passionate about computers, and they all have their own. Read the following paragraph about the family and complete it with the most appropriate possessive adjectives.

En (1) (mi / nuestro) familia, hay muchas computadoras. Todos tenemos (2) (nuestra / su) computadora, es decir que en (3) (nuestras / nuestra) casa, hay seis en total: las de (4) (mis / mi) padres, las de (5) (sus / mis) hermanas y la mía. Mi padre tiene (6) (mi / su) propia (*own*) conexión a Internet y nosotros usamos una conexión común que es inalámbrica (*wireless*). A (7) (tus / mis) hermanas, les gustan mucho las computadoras *Mac*. Dicen que (8) (su / sus) programas son mejores y que (9) (sus / su) computadoras son más bonitas. Yo uso la vieja computadora de (10) (mi / nuestra) padre. No es muy bonita pero es muy buena, y para mí, esto es lo más importante.

Repaso 3: *Pointing out which one: Demonstratives* (TEXTBOOK P. 180)

6-27 ▶ Una página web. Leonardo has decided to create his own web page for his business and he is getting some help from a friend. Complete their conversation about the layout of the home page with the correct demonstrative adjectives.

BERNARDO: Bueno, Leonardo, ¿qué te gusta más para el nombre de la página: (1) (este / esta) color azul o

(2) (esa / ese) color verde?

LEONARDO: Me gusta más el verde.

BERNARDO: Muy bien. Y para la fuente, ¿te gusta más (3) (estas / esta) fuente Times New Roman o (4)

(esas / esa) de Garamond?

LEONARDO: Prefiero la Garamond.

BERNARDO: ¿Y prefieres (5) (aquel / este) menú horizontal de aquí o (6) (este / ese) vertical de ahí?

LEONARDO: Me gusta más el vertical. Me parece más claro.

BERNARDO: Ahora, también puedes poner imágenes. Tengo estas fotos o esas imágenes. ¿Qué quieres?

LEONARDO: Las fotos son muy bonitas.

BERNARDO: Bueno, pues ahora necesitas un logo. Para (7) (estos / este) tipo de sitio web, yo puedo crear

un logo, si quieres. (8) (Aquellas / Estos) logos son fáciles de crear para mí.

LEONARDO: Perfecto. Gracias, Bernardo.

6-28 ▶ El profesor de informática. Paulina has her first computer science class of the semester, and the professor is giving some basic information before starting. Complete each sentence with the correct form of the indicated demonstrative adjective in Spanish.

Modelo: *Este (This)* programa es para enviar (*send*) correos electrónicos.

1. En _____ (*this*) clase, vamos a estudiar la informática.

2. _____ (*These*) computadoras son para ustedes.

3. _____ (*That*) computadora allá en el fondo (*over there in the back*) es para hacer dibujos gráficos.

4. _____ (*Those*) cinco computadoras cerca de ustedes son para hacer trabajos en grupo.

5. En el primer año vamos a utilizar _____ (*this*) programa.

6. A veces vamos a tener clase en _____ (*that*) laboratorio allá en el otro edificio.

Repaso 4: *Saying what people do: Stem-changing verbs*
(Textbook p. 181)

6-29 ▶ Una fiesta para internautas. José and Natalia are talking about the party that is going to take place next weekend in their city. More than 800 people in their age group have already confirmed on the Internet that they will be attending. Complete their conversation with the correct forms of the most appropriate verbs.

JOSÉ: Hola, Natalia. ¿Tú también vas a la fiesta el próximo fin de semana?

NATALIA: Sí, _____ (1) (querer / decir) ir, pero para mí es la primera vez y no

_____ (2) (pensar / entender) muy bien lo que (*what*) es. ¿Cómo es?

JOSÉ: Pues, es una fiesta muy grande con personas diferentes que no se conocen (*don't know each other*).

Yo siempre voy con un grupo de amigos. Nosotros _____

(3) (almorzar / contar) y cenamos juntos y bailamos toda la noche. ¡No _____

(4) (preferir / dormir) nada!

NATALIA: La gente _____ (5) (decir / querer) que son fiestas peligrosas (*dangerous*), y a

mis padres no les gusta este tipo de fiesta.

JOSÉ: No es cierto. La gente siempre _____ (6) (contar / dormir) todo tipo de cosas.

Yo nunca tengo ningún problema.

NATALIA: ¿Tú _____ (7) (pensar / entender) que puedo divertirme con tanta gente?

JOSÉ: Sí, estoy seguro.

NATALIA: Bien, voy a ir, pero si es posible, _____ (8) (preferir / almorzar) quedarme con

ustedes.

🔊 **6-30 ▶ ¿Y tú?** Listen to the following questions about your own use of the computer, and give your answers orally.

1. . . .

2. . . .

3. . . .

4. . . .

5. . . .

Tema 4: ¿Con quién te comunicas?

Vocabulario: Las comunidades en línea, los blogs y los foros

🔊 **6-31 ► *LinkedIn* o *Facebook*.** You are probably familiar with *Facebook,* but have you heard of *LinkedIn*? It is a social network based on the professional connections of the users. Listen to the following messages between users of both networks, and decide whether each one would appear on *Facebook* or on *LinkedIn*.

1. *Facebook*   *LinkedIn*

2. *Facebook*   *LinkedIn*

3. *Facebook*   *LinkedIn*

4. *Facebook*   *LinkedIn*

6-32 ► Unos títulos. The following are the titles of a few new entries of different blogs. Read the titles, and match each of them with the most logical type of blog where it would appear.

1. Tres graves (*serious*) accidentes de carro este
   fin de semana en Rosario _____

   a. un blog sobre deportes

2. Mis vacaciones de este verano _____

   b. un blog sobre la sociedad

3. Las mujeres y el trabajo hoy en día _____

   c. un blog sobre cine

4. La última película de Clint Eastwood no decepciona (*disappoint*) _____

   d. un blog sobre noticias

5. Una fiesta virtual se celebra en Valencia _____

   e. un blog personal

6. El tenista español Rafa Nadal pierde su número 1 _____

   f. un blog sobre la tecnología

Repaso 1: *Saying what people do for themselves: Reflexive verbs* (TEXTBOOK P. 184)

🔊 **6-33 ▶ Una novia en Internet.** Listen to Emilio as he talks about his relationship with his girlfriend on the Internet, and decide whether the following statements are **Cierto** (*true*) or **Falso** (*false*). If he doesn't say, select **No se menciona.**

1. Emilio es una persona muy sociable.   Cierto   Falso   No se menciona.

2. Por la mañana, Emilio se ducha y después se conecta
   a Internet.   Cierto   Falso   No se menciona.

3. En Internet, tiene muchos amigos.   Cierto   Falso   No se menciona.

4. Cuando se aburre, escribe correos electrónicos a sus
   amigos.   Cierto   Falso   No se menciona.

5. Emilio y su novia se ven todos los días con la webcam.   Cierto   Falso   No se menciona.

6. Ella tiene muchos amigos en Internet también.   Cierto   Falso   No se menciona.

6-34 ▶ La vida diaria de una cantante famosa. Yesterday, the newspaper published an article about the daily routine of a famous Argentinean singer. Fill in the blanks with the correct form of the most appropriate verbs from the list. You will need to use one of the verbs twice.

irse	maquillarse	despertarse	acostarse
relajarse	ducharse	quedarse	

La cantante Ana Sánchez tiene una vida muy ocupada. Por la mañana, ella _____ (1) a

las 7:00 de la mañana. Después _____ (2) y _____ (3). A las 7:30,

desayuna con su esposo y con sus hijos, y a las 8:00, los niños _____ (4) a la escuela y ella

_____ (5) en casa para componer (*compose*) canciones y tocar el piano. Por la tarde, ella

_____ (6) a su estudio para trabajar durante dos horas con su grupo de música,

y después va a una clase de yoga donde _____ (7). Por la noche, toda la familia cena

juntos y a las 9:30, los niños _____ (8). Al final del día, Ana siempre está muy cansada,

pero le gusta su vida de cantante y de madre de familia.

Repaso 2: *Saying what people do for each other: Reciprocal verbs* (TEXTBOOK P. 185)

6-35 ▶ Títulos. Look at the following titles from a Mexican online newspaper and complete them with the correct forms of the verbs from the list.

encontrarse	enamorarse	casarse
besarse	pelearse	divorciarse

1. Los jóvenes de hoy _____ fácilmente de personas que sólo conocen (*know*) por Internet.

2. Un padre _____ con una profesora porque castigó (*she punished*) a su hijo.

3. El presidente francés _____ con el rey (*king*) español en la capital francesa.

4. "Nosotros _____ este verano en nuestra casa del sur de Francia", dicen los novios

   sobre su futura boda.

5. Muchas parejas _____, pero muchas se casan también.

6. Los actores _____ en público, confirmando los rumores de un romance.

6-36 ▶ ¿Y tú? Listen to the speaker and answer the following questions about yourself and your friends. Remember to use a reciprocal verb in each sentence.

1. _____

2. _____

3. _____

4. _____

5. _____

Repaso 3: *Describing what is happening: The present progressive* (TEXTBOOK P. 186)

6-37 ▶ Una casa nueva. Felipe's parents bought a beach house last summer, and over the past few weeks the whole family has been helping to get it ready. Felipe sends a few pictures to his friend Patricio and gives the following information. Complete each sentence by selecting the most appropriate verb form.

1. En esta foto mis padres (están pintando / están comprando) las paredes de verde.

2. Aquí, mi hermana (están leyendo / está leyendo) las instrucciones para instalar la conexión a Internet.

3. En la tercera foto soy yo. (Estoy limpiando / Estoy almorzando) la cocina porque está muy sucia, como puedes ver.

4. En la cuarta foto, mi hermano Juan (se está cortando / está cortando) el césped.

5. En la última (*last*) foto todos (estamos tomando / está tomando) un café en la terraza después de un día largo de trabajo en la casa.

6-38 ▶ ¿Qué están haciendo? Look at the images that appear on the home page of the newspaper *El Sol*, and tell what the following people are doing using an expression from the list in the present progressive.

hablar	**hacer una excursión**	**leer el periódico**
jugar al fútbol	casarse	**cocinar**

Modelo: *Están hablando.*

1. _____

2. _____

3. _____

4. _____

¡Mira ese pájaro!
¡Qué exótico!

5. _____

Repaso 4: *Describing how: Adverbs* (TEXTBOOK P. 187)

6-39 ▶ Comprar en línea. Lola is used to buying many things online. The following are a few pieces of advice she gives to her friend Anita, who is going to purchase a bicycle on the Internet for the first time. Complete the sentences with the adverb formed from the most logical adjective.

Modelo: Tienes que buscar *pacientemente* el modelo perfecto para tu hijo. (paciente / perezoso)

1. Es importante saber (*to know*) _____ lo que quieres para no perder tiempo.

   (claro / abierto)

2. Después, tienes que comparar _____ los precios de los diferentes sitios que venden

   bicicletas. (difícil / tranquilo)

3. Debes encontrar el sitio web que envía (*sends*) las bicicletas _____ por un buen precio.

   (lento / rápido)

4. En tus datos al final, es mejor poner tu teléfono celular; así pueden

   contactar contigo _____ en caso de problema. (fácil / difícil)

5. Es necesario tener una conexión _____ segura para hacer el pago con tu tarjeta de

   crédito. (completo / personal)

6-40 ▶ ¿Y tú? What do you like to do most on the Internet: chat, read and write e-mails, or shop? Write four sentences, using one of the following adverbs in each.

normalmente	**frecuentemente**	
ocasionalmente	**rápidamente**	*fácilmente*

Modelo: *Paso fácilmente tres horas al día conectado a Internet.*

1. _____

2. _____

3. _____

4. _____